Guido Lange

Abenteuer Atlantik - 4000 km entlang der Westküste Europas

AF634789

Ampel Publishing
Active
Moving
Pure
Engaged
Literature

"Bei keiner anderen Erfindung ist das Nützliche mit dem Angenehmen so innig verbunden, wie beim Fahrrad."
Adam Opel

"Nichts ist vergleichbar mit der einfachen Freude, Rad zu fahren."
John F. Kennedy

"Fahre soviel oder so wenig, so weit oder nicht so weit, wie Du willst. Hauptsache, du fährst."
Eddy Merckx

"Eine Radfahrt um die Welt beginnt mit dem ersten Tritt aufs Pedal."
Scott Stoll

"Mir ist es egal, ob es regnet, ob die Sonne scheint,
oder was auch immer:
Solange ich Rad fahre, bin ich der glücklichste Mensch auf Erden."
Mark Cavendish

Ich fahre nicht Rad, um mein Leben um Tage zu ergänzen.
Ich fahre Rad, um meine Tage mit Leben zu ergänzen."
Unbekannt

"Beim Radfahren lernt man ein Land am besten kennen,
weil man dessen Hügel empor schwitzt
und sie dann wieder herunter saust."
Ernest Hemmingway

Guido Lange

Abenteuer Atlantik

4000 km entlang der Westküste Europas

Reiseerzählung mit Bildern

Ampel Publishing
Active
Moving
Pure
Engaged
Literature

Alle Schilderungen in diesem Buch basieren auf subjektiven Erinnerungen. Die Dialoge geben nicht wörtlich, sondern sinngemäß vergangene Gespräche wieder.

"Abenteuer Atlantik" gibt es als Buch, vollständiges eBook mit 200 farbigen Bildern, als reine Textedition-eBook und als Hörbuch direkt beim Verlag unter

http://ampelpublishing.de

und in jeder Buchhandlung, in allen einschlägigen Webshops für Bücher, eBooks und Hörbücher sowie auf den Plattformen und in Audio-Apps.

Die deutsche Nationalbibliothek verzeichnet diese Publikation in der Deutschen Nationalbibliografie; detaillierte bibliografische Daten sind im Internet über http://dnd.d-nb.de abrufbar.

1. Auflage 2022

Am Kapellchen 18, 56283 Nörtershausen, Deutschland

Covergestaltung: Felix J. Lange

Text und Fotos: Guido Lange

Lektorat: Annika Schneider

Bildbearbeitung: Heinz-Paul Bretz www.bretz.photo

Druck: F-Druck, Koblenz

Papier: 100% Recycling-Papier, Blauer Engel

ISBN des Originalwerkes: 978-3-9820781-7-5

Was bisher geschah...

Mein Abenteuer Atlantik hat seinen Namen erst so richtig im Nachhinein bekommen. Das liegt an der Unmittelbarkeit des Moments und der Ungewissheit der Zukunft. Zum einen möchte ich einfach nur losfahren oder loslaufen in ein hoffentlich schönes Abenteuer, da spielt es noch keine Rolle, wie es heißt. Erst, wenn ich mich bei Freunden und Bekannten melde, ihnen sage, was ich gerade mache, dann formt sich der Begriff. Und der wirkt auch auf mich selbst. Ich denke dann: „Ja genau, ich bin in meinem Abenteuer, ich bin unterwegs! Es ist mal wieder keine Pauschalreise geworden!“

Bei meinem Abenteuer Baltikum und meinem Abenteuer Transkaukasien hatte ich auch vorher gewusst, es würde sicher irgendwie abenteuerlich, aber was hieß das? Ein Abenteuer ist es eigentlich erst hinterher, wenn man darüber spricht, schreibt und sich austauscht. Dann erst wird die „Größe“ der Unternehmung sichtbar, die Einmaligkeit und das Besondere daran - unterwegs zu sein, auf sich gestellt, in der Fremde da draußen, von der man schon so manches gehört hatte.

Auch Abenteurer wurde ich erst hinterher, durch die Erzählungen, das Aufschreiben. Und sogar Autor wurde ich. Beides wurde ich, weil ich machte, wozu ich Lust hatte - welch ein Luxus! Aber wie geht das - in der Welt herumreisen, ohne seinen täglichen Pflichten nachgehen zu müssen? Man braucht eine Idee, Zuversicht, ein paar Wochen Zeit und ein paar Informationen. Es muss nicht eine monatelange Expedition sein, kein exotisches Fernziel, keine Wahnsinnsausrüstungsschlacht sein. In Europa genügen zum Reisen ja in der Regel eine Zahnbürste und ein Portemonnaie. Weiter weg von zuhause, kommt dann noch das eine oder andere Utensil in Frage, das es vor Ort nicht gibt. Auf ein Zelt hatte ich diesmal verzichtet, aber einen Schlafsack und eine Isomatte hatte ich für Notfälle dabei. Auch eine Kamera für gute Bilder gehört inzwischen dazu.

Dieses Abenteuer ist eigentlich zwei Reisen mit dem Rennrad: Im Juni 2021 von Rotterdam über die Atlantikküste bis nach Brest en Bretagne, dem westlichsten Zipfel Frankreichs. Die Bretagne zog mich wie magisch an. Ich hatte schon im Abenteuer Baltikum die

Der Grenzfluss zwischen Andalusien und Algarve - Rio Guardiana

Bücher gelesen von Jean Luc Bannalec, der seinen Ex-Pariser Kommissar Georges Dupin in allen Ecken der Bretagne ermitteln lässt. Und diese Bücher haben in mir endgültig die Sehnsucht nach dieser Gegend nicht mehr einschlafen lassen. Teil 2 des Abenteuers Atlantik: Im März 2022 von der Algarve entlang der Küste wieder bis nach Brest. Diese Route von Süden her bot sich mir irgendwie an, als Freunde im Südzipfel Portugals an einem Laufcamp teilnehmen wollten. So würde ich sie und andere Freunde wieder treffen und dann erfrischt und mit vollen Akkus starten. #AlgarveBretagne kommt in diesem Buch zuerst, weil ich dort einfach viel bessere Bilder gemacht habe, #RotterdamBretagne als zweites. So fahren wir also zweimal bis ins Finistère, dem Ende Frankreichs, das Amerika am nächsten liegt. Zweimal mit demselben Rad und beinahe demselben Gepäck.

Das Rennrad erlaubt mir eine schnelle Fahrt und viel mehr Reichweite, als wenn ich zu Fuß oder mit dem Tourenrad unterwegs wäre. Ich musste nur zusehen, Gepäck zu sparen. Das Rad wiegt 8 kg, das Gepäck 8 kg, so kann man - gut verpackt - damit in jedem Schnellzug reisen. Ich liebe Bahnfahren! Nur ungern würde ich mir den geringen CO^2-Abdruck der Reise durch einen Flug kaputt machen, wenn es denn auch ohne ginge.

Europa und die Welt zu erkunden, das ist wirklich eine tolle Sache! Ich bekomme eine Nahaufnahme der Regionen, der Landschaft, der Menschen und Kulturen. Wir starten nun direkt in Ayamonte an der spanisch-portugiesischen Grenze, an der ich nach den ersten Kilometern mit dem Rad eine Pause mit einem Eis machte.

Kirche in Santo Estevao

Algarve-Bretage

Portugal

Außer Erzählungen und Bildern kannte ich nichts von Portugal. Nun hatte ich eine Woche Zeit, das Land am Atlantik zu erfahren. Es lag hier vor mir, am gegenüberliegenden Ufer des Guardiana. Der Wind wehte von der Atlantikmündung, die Palmen rauschten und die Märzsonne wärmte und trocknete meinen verschwitzten Körper. So hatte ich mir das vorgestellt und kam in Hochstimmung. In Ayamonte gibt es einen Platz zum Verweilen, der mit gefliesten Steinbänken gesäumt ist. Im Schatten unter üppigsten Blütenbüschen genoss ich mein Eis. Das Abenteuer hatte begonnen, ich hatte mich in kürzester Zeit auf dem Landweg in eine neue Welt gebeamt.

Als Anreise wollte ich innerhalb von 31 Stunden mit 5 Zügen und einem Fernbus bis nach Huelva in Südspanien fahren. Das hat auch geklappt, wenn man mal von dem allerersten Zug in Koblenz absieht. Er kam einfach nicht und ich sah mich nach einer Stunde des Frierens auf dem Bahnsteig in Koblenz genötigt, das Rad wieder ins Auto zu werfen und selbst bis hinunter ins Elsass zu fahren. Das ARD-Nachkonzert vom Bayerischen Rundfunk begleitete mich fünf Stunden über die Autobahnen, die nahezu leer waren. Nach einer halben Stunde des Kreisens um den Bahnhof Mulhouse Ville fand ich einen Parkplatz, der nichts kostete. Ich konnte das ungute Gefühl verdrängen, meln Auto da so allein in der Fremde vier Wochen stehen zu lassen. Mit einem ersten Croissant und einem Café au Lait morgens am Bahnhof kam langsam das Gefühl der Freiheit und des unbeschwerten Unterwegsseins. Und dann kam pünktlich mein TGV. Nîmes, Barcelona, Madrid und Huelva erreichte ich wie geplant, baute mein Rad zusammen und strampelte nach Ayamonte. Zwei Stunden auf dem Rad hatten genügt, um mich in meiner Rolle zurechtzufinden. Der Anfang war gemacht!

Mit lieben Lauffreunden verbrachte ich einen Abend in Monte Gordo, das schon die Aura der Vorsaison versprühte. Viele Ausdauersportler:innen trainieren hier vor der Hauptsaison und lassen sich die portugiesische Meeresküche schmecken. Morgens verlor ich wenig Zeit, winkte euphorisch und dann nahm ich die erste volle Etappe

Uralter Olivenbaum in der Region Tavira

Verkaufsstand mit Orangenprodukten

nach Lagos in Angriff. Unglaublich, was es mit einem macht, wenn man mal rauskommt aus dem eigenen Komfort, in einer fremden Gegend unterwegs ist und nichts als Freiheit vor sich hat!

Die Algarve ist für ihre Strände berühmt, ich aber kam durch das Hinterland auf kleinen engen Straßen durchs Land. Unzählige Dörfer und einzelne Fincas, alle mit viel Grün und exotischen Gärten, boten einen paradiesischen Anblick. So ähnlich muss der Garten Eden aussehen, wie das Land bei Tavira: uralte Olivenbäume, Obstgärten und Orangenplantagen. Die Orangenbäume haben mich schwer beeindruckt. Wie die Apfelbäume bei uns hingen sie voll mit Früchten oder blühten gerade. Sie sahen aus wie in einem Kinderbuch, weil sie eben auch so prall behängt waren. Die Plantagen sind eingezäunt und es ist gar nicht so leicht, unbemerkt ein Foto zu machen, auf dem kein Zaun ist. Hunde bewachten die Anpflanzungen. Sie witterten mich auf drei Meilen Entfernung und ich hatte ein Déjà-vu betreff meiner Erlebnisse in Aserbaidschan in meinem Abenteuer Transkaukasien. Auch die vielen Gärten und Anwesen, durch die ich auf schmalen Straßen hindurch fuhr, wurden von Hunden bewacht. Aber immerhin waren sie eingezäunt und deutlich weniger vernachlässigt als die Tiere damals, die mich als Frischfleisch sahen. Zurück auf der Nationalstraße Richtung Küste gab es Verkaufsstände mit

Pinienwald wie ein
Badischer Bollenhut

allem rund um die Orange. „Lajanras Artesanato!“ riefen die Schilder. In so einer Situation war es eben doch nachteilig, keinen Kofferraum dabei zu haben.

Es gab nun wieder mehr Autoverkehr, der aufkommende Regen nadelte auf der Haut, die Radbrille beschlug, der Randstreifen war mit Glasscherben übersäht und der Vorderreifen wurde platt. Es scheint also auch dort nicht durchgehend die Sonne und alles Gute ist sowieso nie beisammen. Es war Beharrlichkeit gefragt. Nach 130 km in 7 Stunden entlang der Algarve hatte ich dennoch ein super Gefühl. Die ersten 200 von 2800 km waren absolviert, das Land gefiel mir außerordentlich gut und ich kam bestens zurecht.

Der nächste Tag kam ohne Atlantikküste aus, dafür ging es die ersten Anstiege hoch. Von Null auf 200 m ist nicht viel, aber wenn man's nicht gewohnt ist, genügt es vollends. Steinerne Gipfel, sanfte Hügel und vom Waldbrand verwüstete Hänge säumten den Weg. Es war kaum Betrieb auf der Straße durch die wildromantische Landschaft und ich bekam mal wieder dauerhafte Glücksgefühle. Unten in Aljezur hatte ich mir schon den ersten Kuchen, Kaffee und Orangensaft verdient. Der würde mich nun lange begleiten, dieser unglaublich fruchtige, eher säuerliche, frisch gepresste Orangensaft. Er ist auch ein großartiger Energiespender!

Das Schöne nach den Steigungen ist: es geht immer wieder runter. Und wenn die Straße gut und die Bedingungen günstig sind, spricht nichts gegen eine Abfahrt voll Speed. So ging es auch runter zur Brücke über den Rio Mira bei Vila Nova de Milfontes. Das Meer in Form der Mündung war kurz wieder da und ich konnte mich gar nicht sattsehen an diesem imposanten Anblick. Es war die erste von unzähligen Situationen, in denen ich viele Fotos machte. Für Binnenländer ist es unglaublich erhebend, die Weite des Wassers zu sehen. Kurz danach ging es wieder auf die Hochfläche. Das Café „O Amigo“ in Brunheiras war zu verlockend, um zu widerstehen. Ein Kleinod in der trägen Nachmittagssonne, wie man es sich nicht einheimischer denken konnte: Dominospieler in ihrem Element, eine Theke mit Kuchen und Kaffee und also eine ganz und gar friedliche Szenerie. Kein Tourist verirrte sich hierher und doch hatte ich das geschafft. Für zwei Galão und drei Kuchen bezahlte ich keine fünf Euro, daran sollte ich also nicht sparen.

Waldbrandgebiet bei Aljezur

Frühling in Aljezur

Dominospieler im Café "O Amigo" in Brunheiras

Nach gut 120 km war ich froh, in der Hafenstadt Sines einzutreffen. Hier glänzte man nicht mit Traumstränden, pittoresker Altstadt oder breiten Promenaden. Hier gibt es Fischerei, Containerschiffe, Kraftwerke und einen Hafen samt nagelneuem Flüssiggasterminal. So verdient man Geld im Alentejo. Ich war ganz überrascht, wie ich voran kam. Auf der Karte konnte man sehen, dass schon ein gutes Stück geschafft war und als nächstes wollte ich immerhin in Lissabon ankommen. Bei Vila Nova de Santo André säumten eigenartig angesengte Bäume die Straße. Ich wunderte mich und dann erkannte ich etwas, das wir vor 50 Jahren im Schulunterricht erwähnt hatten: Korkeichen. Die Stämme waren nicht verbrannt sondern geschält. Das ist das Tolle an so einer Reise in langsamer Geschwindigkeit: man bekommt alles mit und erkennt auch ohne Google-Handy, was die Welt ausmacht - die echte Welt.

Richtung Norden kam ich wieder dichter an die sandige Küste und die weichen gelblichen Dünen waren locker mit klein gewachsenen Pinien und Gehölzen mit unzähligen keinen puscheligen gelben Blüten bestanden. Das waren tatsächlich Mimosen!

Ponte Vila Nova
de Milfontes

"Ocean Drive"
von Sines

Korkeichen bei Vila Nova de Santo Andre

Mimosen im maritimen Alentejo

Alter
Schiffsanleger
Tróia

Lissabon - Ponte 25 de Abril

Noch so eine Erkenntnis und wieder eine Pflanze, die ich live noch nie gesehen hatte. Reisen bildet.

Allmählich wurde das Land zu einer Spitze in der Bucht von Setúbal, dem Rio Sado, an deren Ende eine Siedlung namens Tróia lag. Nicht, dass ich heute auch noch Troja entdeckte? Nein, es war eine auf Hochglanz polierte Reiche-Leute-Siedlung. Die ganze Halbinsel erschein mir wie eine Art gated community. Vlele alberne und unpraktische Wege, Radrouten mit Stufen drin und klein kariertes Granitpflaster. Die, die das gebaut haben, fahren ganz sicher nicht mit dem Rad und erst recht nicht mit einem Rollstuhl. Mir war es egal, solange ich mit der Fähre rüber nach Setúbal kam. Eine war gerade weg und so musste ich warten, aß an einem Design-Imbiss einen überteuerten Burger und stieg dann auf die nächste Fähre. Nicht ganz, denn ich durfte nicht zusteigen, ich hatte ein Rad dabei. Ich sagte hey, ich könne in drei Minuten das Rad auseinander bauen und in das Bikesleeve stecken, wie ich es für den ICE und den TGV getan hatte, wie man es für einen Flug machte, und ich fing währenddessen schon damit an. Es hieß nein, denn darin sei ja immer noch das Rad verpackt, und Räder dürfe man nun mal nicht mitnehmen. Ich glaubte es nicht. Die Fähre war ausgelegt für über 500 Personen, wir waren heute nur dreizehn, die sich darauf verliefen. Es blieb dabei. Da sage noch einer etwas von „deutschem Prinzipienreiter auf dem Amtsschimmel“ oder so. Ich musste ein paar Kilometer zurück und da fuhr dann eine etwas kleinere Fähre, auf die man aber mit dem Rad drauf durfte. Die drei Stunden in Tróia verfestigten in mir die Abneigung gegen so komische Edel-Urlaubsorte.

Alles hat auch sein Gutes, hier in der Person von João. Auch er war mit dem Rad unterwegs gewesen auf der Halbinsel und fuhr nun mit der Fähre zurück in seine Stadt Setúbal. Er hatte seinen freien Tag und ist - das darf man hier vielleicht doch so sagen - ein typischer Portugiese. Er ist ein total netter Kerl, war hilfsbereit und geduldig mit mir und meiner Fährengeschichte. Ja, habe er auch schon erlebt, da fahre er nicht mehr hin. Gut so. Er entpuppte sich als Glücksfall, denn ich konnte so gar nicht nach Lissabon fahren. Er erklärte es mir: Ich käme mit dem Rad nicht über die Brücke. Es gäbe eine Fähre, die liege aber blöd und überhaupt, auch da wo sie auf der anderen Seite des Tejo ankäme, wäre es umständlich. Besser wäre es, mit dem Zug von Setùbal eben über diese Brücke nach Lissabon zu fahren. Die berühmte Brücke von Lissabon, der „Ponte 25 de Abril“, oft verglichen mit der „Golden Gate“ von San Francisco, ist nur mit dem Auto oder dem Zug zu befahren. Da muss aber noch was passieren, um die Verkehrswende perfekt zu machen! Einmal im Jahr darf man dann doch drauf: Zum Lissabon-Halbmarathon. Vielleicht wäre das eine gute Gelegenheit, hierher zurückzukehren.

So kam ich fast ohne weitere Radkilometer in die Hauptstadt, für die ich mir leider nur einen Abend Zeit gelassen hatte. In einem Hostel fand ich billig ein Bett, konnte da auch mein Rad sicher abstellen und machte mich sogleich auf den Weg, um die Stadt zu erkunden. Um es kurz zu machen, gibt es nur ein Wort, das mir bei Lissabon einfällt: grandios! Eigentlich ist die ganze Stadt eine einzige Altstadt, gebaut auf hügeligem Gelände. Auch insofern ist sie San Francisco nicht unähnlich (obwohl es dort eben keine Altstadt gibt). So ergeben sich beim Laufen immer neue Einblicke auf Täler mit lauschigen Gassen und Anhöhen mit stattlichen, prächtigen Gebäuden. Der Abend war lau und durch Straßenmusik und Dämmerung ergab sich eine liebliche Stimmung. Ich fotografierte mich halbtot. Weil man auf dem Kameramonitor nicht allzu viel sieht, variierte ich öfter die Belichtungs- und Verschlusszeiten, um später auswählen zu können. Es fallen dann natürlich immer noch spektakulärere Motive ins Auge, die man konservieren möchte - auch für dieses Buch.

Calcada do Carmo

Blick auf die Baixa de Lisboa

Seit 2018 wieder in Betrieb - Linie 24

Manchmal wird
es eng!

Ascensor da Gloria

Früher Abend in der Altstadt

Nicht selten -
stille Gasse

Das San-Francisco-Feeling wird nochmals verstärkt durch die restaurierten Straßenbahnen, die mit Zahnradtechnik beachtliche Steigungen erreichen. Die Bahnen funktionieren anders als ein Cablecar im fernen Amerika, aber sie sind aus derselben Zeit. Inzwischen gibt es mehrere Linien, die sich teils durch enge Gassen drücken und die Leute lieben sie. Mir fiel dann ein, dass ich nochmals im Dunkeln querfeldein durch die Stadt wandern könnte, um die Brücke zu fotografieren. Dabei streifte ich so manche Ecke, die nicht von Touristen überlaufen war, zumindest nicht im März. Auch der Halbmarathon ist im März. Das scheint ein guter Monat für Lissabon zu sein. Für echtes Sightseeing muss ich sowieso nochmal kommen.

Die Fotos am Morgen von Plätzen und Gebäuden waren langweilig gegen die schönen Motive am Abend und so düste ich nach einem reichhaltigen Frühstück einfach los, landeinwärts entlang des Tagus. Es war flach, es gibt auf 30 km bis Vila Franca de Xira sogar einen ausgebauten Radweg und es lief auch bergauf ganz gut - durch Wälder und vorbei am Montejunto. Dabei war ich immer noch am Anfang, was die physische Belastung anging. In den ersten Tagen ist man ungeübt, aber frisch. Da freut man sich mal über eine Steigung zur Abwechslung und Anstrengung fällt leicht. Aber die Dauerbelastung, das Sitzen, die gebeugte Haltung und dieser ständige Energiebedarf sind noch nicht selbstverständlich. Erst im Laufe der Tour schleichen sich nützliche Mechanismen dazu ein: regelmäßige Kaffeestopps, freihändiges Fahren in aufrechter Haltung, „Gymnastik" während er Fahrt, erhöhte Aufmerksamkeit für Straßenbeläge, Navigation „nebenbei" und kluge Entscheidungen bei der Einfahrt in größere Städte. Ich ließ mir insgesamt nicht viel Zeit, denn eigentlich war die Strecke mit 2800 km zu lang für die 25 Tourtage #Algarve-Bretagne. Aber ich wollte es auf jeden Fall versucht haben, rechtzeitig in Brest anzukommen und planmäßig zurückzufahren. Es gab auch einen Reservetag für unvorhergesehene Notfälle. Ende des Monats wollte ich zurück sein an meinem Arbeitsplatz. Zwischendurch gab es jede Menge Landschaft - schön, aber nicht spektakulär, einfach etwas zum Genießen beim Durchfahren. Da konnte ich ruhig weit über 100 km am Tag fahren, ohne etwas zu verpassen.

Nach der Bergkette des Montejunto gab es viele Obst- und Weinplantagen. Im Licht des weiß-blauen Himmels sah alles mustergültig aus, wie nach dem Winter frisch geputzt. Mein Rad machte irgendwie komische Geräusche. Da stimmte etwas nicht, aber ich konnte

Traumhaftes Licht in Nazaré

es nicht orten: Der Freilauf oder ein verwandtes Teil ratschte in bestimmten Situationen unsanft irgendwo im Hinterrad herum. Das Rad wollte bremsen, vor allem bei Schussfahrten und / oder bei Pflasterstraßen. Es machte mir Sorgen, aber ich verdrängte das erstmal. Auf Technikprobleme in der Einöde hatte ich keine Lust. Ein guter Freund aus Hamburg kannte das auch, aber es blieb bei einer unklaren Ferndiagnose.

Paulus aus Vilnius

Mein Ziel war Nazaré. Alle sagten, das sei ganz wundervoll, und es war auch ganz wundervoll. Auch Jonas aus Trier sagte das. Wir hatten uns am Vortag im Hostel in Lissabon kennengelernt. Er ist auch Lautern-Fan und so tranken wir zu später Stunde noch ein Bier. Er war zu Fuß, mit dem Bus und Mitfahrgelegenheiten hierher unterwegs.

Nun in Nazaré: Kurz vor der Marina kam mir Paulus aus Vilnius entgegen. Er fuhr 7000 km von Litauen mit dem Rad hierher und morgen sei Endstation, die Familie empfinge ihn in Lissabon. Alles mit wenig Geld und einem Zelt! Ich sag es immer wieder: Es gibt so viele positiv Bekloppte!

Nazaré von oben

Nazaré liegt so malerisch am Atlantik, da müsste man auch noch einmal hinfahren. Ich machte viele Fotos, während ich auf Wagner wartete, meinen Vermieter einer genial gelegenen Ferienwohnung. Die hatte ich fast für mich allein und sie war ganz auf Love & Peace ausgelegt, inklusive Meditationsecke. Wagner selbst ist aus Brasilien hierher eingewandert - warum nicht? Die Sonne senkte sich über dem Atlantik und die Motive hätten für einen ganzen Film gereicht. An einem Ende der Stadt gibt es einen riesigen Felsen, auf dem sich ein Leuchtturm und ein Ortsteil befinden und auf den eine Zahnradbahn führt. Auf der anderen Seite der Stadt zieht sich ein Strand bis zum Horizont, den ich am Morgen noch fotografierte. Die Wellen sind sensationell, auch für Surfer. In der Dunkelheit unten am Strand fanden sich genug Möglichkeiten zum Essen und ich suchte mir in den anheimelnden Gassen etwas aus. Diese Vorsaison war wirklich so, wie ich sie mir vorgestellt hatte: Es war schon etwas los aber nicht überfüllt, eben gerade so aufkeimend.

"Ich war hier."

Nach einem Minieinkauf in der Markthalle für mein Frühstück am Morgen saß ich noch etwas mit verträumtem Blick am Fenster, um dann auf den oberen Ortsteil zu fahren für weitere Bilder. Ich traf zwei Reisende, Cara und Yos, sie aus Südafrika, gebürtig aus Bad Kreuznach, er aus Guatemala. Die hätten gut zum Hostel „Love and Peace“ gepasst. Ich bat sie um Fotos mit meiner Kamera, denn eines Tages würde ich womöglich dieses Buch schreiben und dann brauchte ich ein Titelbild. Yos versuchte es, aber das Rad hätte ich an die Mauer nehmen müssen, damit es als Titelbild in Frage gekommen wäre.

Parades de Vitoria

Überraschend -
kleine Meeresbucht

Wie in Texas -
Estrada Atlantica

Noch ein Gemälde - Natur an der Estrada Atlantica

Porto - Brücke über den Duoro

Porto - Bahnhofshalle

Ich hatte mir viel vorgenommen: Figueira da Foz war zu nah, Aveiro eigentlich zu weit. Ich hatte zwar Routen vorgeplant, sie aber so nicht unbedingt eingehalten. Eher hatte ich die Etappen zur Orientierung und Messung geplant. Ich wollte wissen, wie weit es denn nun sein würde und wie man dieses Abenteuer sinnvoll in Tagesetappen aufteilen könnte. Erstmal gab es einen idealen Radweg entlang des Atlantiks. Wer rechnete denn damit? Dazu noch Rückenwind - das war genial. Die Straße samt Radweg zog sich schnurgerade bis zum Horizont und es gab kaum mal ein Fahrzeug. Sie sah aus wie ein Stück des berühmten Highway 66, den ich übrigens nur aus dem Fernsehen kenne. Ich überholte einen bärtigen Radler, der zum Fotografieren abgestiegen war und rief ihm zu „What a highway!“ Er sagte auch etwas, aber ich war schon vorbei. So flog ich weiter und berauschte mich an der Straße, dem Himmel und den gelben Büschen, waren das alles Mimosen? Das könnten auch Ginster sein. Es war eine Art Heidelandschaft, steppenartige Sanddünen in meiner Lieblingsfarbe gelb. Ich musste also doch absteigen und Fotos machen für mich und für die Nachwelt!

Und dann holte er mich wieder ein - Martin aus Württemberg. Schon seit Monaten war er unterwegs mit seinem Stahlross. Über Osteuropa in den Süden, mit der Fähre von Italien nach Spanien und nach der Umrundung der iberischen Halbinsel wollte er zurück durch Frankreich ins Schwabenland. Einfach nur ein toller Typ. Er hatte sich überlegt, „mal etwas anderes zu machen“ und dann machte er das eben. Da hatten wir viel gemeinsam und fuhren und sprachen über 50 km nebeneinander auf diesem Radweg. Es ging um Erlebnisse, Begegnungen, Ausrüstung und das unglaubliche Gefühl der Freiheit bei all dem. Auch das Thema Hunde diskutierten wir. Sie setzten ihm vor allem in Albanien zu, und er hatte da seine ganz eigene Vorgehensweise: Besonders langsam fahren, damit man den Jagdinstinkt nicht allzu sehr reizte. Hört sich lustig an, hat aber wohl funktioniert. Mit Martin halte ich bis heute Kontakt.

Aveiro war unglaublich weit für mich. Es schüttete aus Eimern, aber immerhin kam der Wind weiter von hinten. Ich war längst wieder auf einer Nationalstraße unterwegs, die mit vielen LKWs belebt war. Alle zusammen wollten wir über den Rio Mondego und so war wenig Platz auf der großen Brücke. Jeder LKW war wie eine Dusche von hinten. Es war nicht kalt, aber man sah halt in dieser Wasserschlacht nicht gut. Solange ich mich auf die Straße und auf mich konzentrierte, konnte nicht viel passieren. Ich bekam zwar nach 95 km noch Kaffee und Kuchen, aber ansonsten musste ich nun einfach durchziehen, um vor der Dunkelheit die 150 km zu schaffen. Durchgefroren und nass bis auf die Knochen wartete ich um 19.30 Uhr geduldig am Empfang des in die Jahre gekommenen „Imperial“, um ein Zimmer zu bekommen. Es klappte und ich baute nach der heißen Dusche mal wieder eine Konstruktion, um die Klamotten trocken zu bekommen. Denn eines haben sie in Portugal nicht erfunden - die Heizung. Ich hatte eigentlich jeden Abend das Problem, meine Wäsche zu trocknen oder einfach nur in einem schön geheizten Zimmer zu sein. Mal arretierte ich den Fön, damit er stundenlang blies, mal programmierte ich an der Klimaanlage herum, bis lauwarme statt kalter Luft herauskam. Hier war ein Schlitz in der Wand die einzige Wärmequelle und ich stapelte alle verfügbaren Stühle davor zu einem Gerüst auf, um die Klamotten zu trocknen. Ich war insgesamt zu spät dran, denn es gab in dieser Stadt eine Art „kollektiven Ruhetag“. Nur eine Bar hatte noch etwas zu essen, obwohl der Koch auch dort schon gerade gehen wollte. Ich fühlte mich wie in Edward Hoppers „Nighthawks“. Bei solch langen Touren sollte ich tatsächlich früher losfahren. Wir hatten halt noch nicht Sommer.

Auf meiner „Hier-komme-ich-nochmal-hin-Liste“ steht natürlich auch Porto. Es hatte sich bei den Etappen vorab nicht ergeben, eine Übernachtung zu planen, aber ich machte trotzdem ein kleines Sightseeingprogramm. Besonders hatte es mir der Bahnhof angetan. Eine prachtvolle Kathedrale des Technikzeitalters. Es waren in der Innenstadt keine Gleise zu sehen. Die Züge kamen aus einem Tunnel in den Sackbahnhof und fuhren dorthin auch zurück.

Nochmal Kuchen und Kaffee und ich machte mich wieder auf übers Land. Die kleine Stadt Apulia war der erste schöne Ort, als ich später wieder zurück ans Meer kam. Schön durch die Küste, die Boote und die typischen Windmühlen, die ich dann am anderen Morgen wahrnahm. Seit einigen Tagen war es kühler und windiger, denn das hier ist der Norden - wenn auch nur der Norden Portugals. Der Ozean war rau, wahrscheinlich perfekt für die Surfer, die mir mit ihren alten VW-Bullis begegneten. Ich investierte einiges, um das mit meiner Kamera einzufangen, aber so einfach war es nicht. Am Rio Minho bog ich mal wieder landeinwärts und würde ein paar Kuppen zu überwinden haben, um in Spanien anzukommen. An diesem Tag 8 spürte ich so langsam, dass Radfahren auch strapaziös sein kann.

Windmühlen in Apulia

Igreja Nova
(Neue Kirche)
in St Bartolomeu
do Mar

Fischerboote am Abend in Apulia

Zuletzt kam doch noch
die Sonne raus

Ich spürte, dass die herrlichsten Eindrücke und die spektakulärsten Anblicke auf Dauer nicht zu überbieten sind. Ich wurde demütiger bei diesen Gedanken. Ich hatte eine wirklich fantastische Woche erlebt in Portugal. Dafür sollte ich dankbar sein und schauen, was in Galicien, Asturien, Kantabrien und der Biskaya auf mich wartete.

Erste Kilometer in Spanien am Monte Aloia

Spanien

Nachdem ich in Valença noch gut gegessen hatte, kam ich vom spanischen Grenzort Tui her kaum den Berg hoch. Ich war erst noch kurz euphorisch, weil Spanien auf mich wartete, aber weit konnte ich mit dem Rad nicht unbeschwert treten. Es ging von Nahe Null auf über 400 m gefühlt senkrecht hoch. Meine am Computer geplanten Routen ließen sich, anders als in Portugal, nicht so einfach nachfahren. Offenbar wurden hier viel kleinere, schlechtere Wege in die Option „Rennrad“ einbezogen. Vielleicht war es aber auch nur ein Vorgeschmack auf die Berge in Galicien und es würde keine flacheren Routen geben. Vielleicht erlebte ich nun, was es heißt, nicht die vielen Buchten der zerklüfteten Küste zu befahren (wobei es teils keinen Weg, teils auch keine Straßen dort gibt), sondern quer über die Bergketten abkürzen zu wollen. Ich strampelte jedenfalls tapfer, bis es auch stehend, also im Wiegetritt nicht mehr ging. Teils schob ich dann mein – Gott sei Dank – leichtes Rad mit leichtem Gepäck. Mit einem vollbepackten eBike wäre ich da nicht hochgekommen. Obwohl – man hätte ja einen Motor…

Musikgruppe Galiciens in Mesón do Vento

Bucht von Vigo

Erst nach acht Stunden Fahrtzeit traf ich in Vigo ein und wollte nur noch eins: eine Dusche, ein Bett und was zu essen. Es war nämlich – Lohn der Mühe – zum Ende hin lange nur noch bergab gegangen und so fror ich mal wieder bei der Ankunft. Das Zimmer war billig, fast fensterlos und äußerst schäbig, aber bei einem netten Ehepaar. Sie betrieben einen schlecht laufenden Gebrauchtwaren-Laden, in dessen Nachbarschaft ich mein Rad zwischen allerlei Gerümpel abstellen konnte. Es gab nur eine funktionierende Steckdose und ich baute mit meinem Radwerkzeug den DIN A4-großen Elektroheizkörper ab, um ihn dort einzustöpseln. Immerhin wurde er dann lauwarm. Ich mochten diese beiden Alten, die irgendwie ja mit ihrem Krempel und der Zimmervermietung über die Runden kommen mussten. Das Zentrum weiter unten in der Stadt bekam ich gar nicht erst zu Gesicht. Gleich am Morgen nach dem Frühstück in einer Art Bio-Oase machte ich mich auf dem Weg entlang der Bucht von Vigo.

Oben: Das Rad steht in Sicherheit

Unten: Frühstück in Vigo

Pilgerkirche mit Quelle - Escravitude

Ankunft in Santiago de Compostela

Kathedrale von Santiago de Compostela

Enge Gassen - manche Wohnungen werden verkauft

Magie am Abend

Wenig zurückhaltend illuminiert

Betanzos
am Rio de
Mandero

Galizisches Bergland bei Ferrol

Ich hatte mehrere Hügelketten zu überwinden, um zu meinem sehr prominenten Zielort zu gelangen: Santiago de Compostela. Die Hauptstadt Galiciens ist als Endpunkt des Jakobsweges für Pilger berühmt und immer wieder waren nun am Wegesrand, teils in Maxiformat, die Muschelzeichen auf blauem Grund zu sehen. Der heilige Jakobus soll dort begraben liegen und Wanderer, Radwanderer und Motorisierte sind gleichermaßen angezogen von der Strahlkraft des Heiligen und der alten Mauern. Es regnete weiter, aber nach einer heißen Dusche in meinem diesmal komfortablen Zimmer machte mir das wenig aus. Ich streifte kreuz und quer durch die nur angenehm gefüllten Gassen. Hier konnte ich auf Fotosafari gehen und mal wieder freute ich mich, genau jetzt im März diese Reise angetreten zu haben.

Am kommenden Morgen brauchte ich eine ganze Runde um die Stadt, bis ich die richtige Landstraße für mich fand. Das machte schlechte Laune, wenn man trotz steten Bemühens den Weg nicht fand. Bis Mesón do Vento ging es fast nur geradeaus und langsam hoch. Der Ort hatte seinen Namen zurecht – etwa „Haus des Windes“. Es war ziemlich windig hier oben, aber die gesamte Bevölkerung war auf den Beinen. Es gab eine Reitveranstaltung, die zu einem Volksfest upgegraded worden war. Ihren Beitrag leistete die „Grupo de Danzas de Vecinos“ aus De Leira, die sich schon mal warm spielte. Die machten wieder richtig gute Laune in dieser tristen Gegend. Anders als dieser Ort liegen die meisten Städte an einem Fluss, zu dem es eine Schussfahrt hinunter geht, dann über dessen Brücke und am anderen Ortsausgang wieder hoch in die Berge. Darum gibt es das Tal, das der Fluss geschaffen hat. Das versteht man erst so richtig, wenn man es erlebt und durchfährt. Kein Wunder, dass die Menschen dort dann eine Stadt gegründet hatten.

Nach Betanzos ging es auch steil hinunter. Die Stadt auf den Fundamenten einer keltischen Siedlung liegt an der Bucht Ria Betanzos und sieht sehr reizvoll aus. Viele Häuser haben vorgebaute Holzbalkone, die hier wohl typisch sind. Der Rio Mandeo mündet hier. Noch einige Male ging es hoch und wieder runter und ich begriff, warum die Gegend so zerklüftet ist, warum sich der Ozean über viele Buchten in das Land und das Land sich über viele Zungen ins Meer schiebt. Es ist ein ständiges Auf und Ab, ein Wechsel von wilder Natur und Wald oben und lieblichen Buchten unten am Atlantik voller Leben und Kultur. Das ist Galicien.

Ferrol - Stadt aus Eisen

Abendstimmung in der Altstadt von Ferrol

Auch im Regen schön - Bazar Acevedo

Zurück am Atlantik - in Valdoviño

Nächste Bucht - Cedeira

Hier entstand das Coverbild - Miradoiro da Ría de Viveiro

Über Pontedeume – auch wieder mit einer Brücke, wie der Name „Ponte“ schon sagt – kam ich nach Ferrol. Ich hätte darauf tippen können, dass der Name der Stadt etwas mit Eisen zu tun hat. Denn schon weitem sieht man monströse Hafen- Werft- und Montageanlagen. Offenbar werden hier Offshore-Plattformen gefertigt, an denen ich direkt vorbeifuhr. Später las ich, dass die Stadt auch sehr bedeutendes Militär beherbergt. Auch das würde zum Eisen passen, es gab aber keinen Hinweis darauf. Außerdem stammte der böse General Franco von hier. Ich sah jedenfalls kaum etwas Schönes, bis auf einige wenige Straßen später im Dunkel, die ich auf der Suche nach Essbarem ablief.

In Valdoviño kam ich nun das erste Mal wieder ans offene Meer zurück, nachdem ich über ein paar Tage eine kleine westliche Ecke Spaniens abgekürzt hatte. Ich fand das ganz herrlich, wieder auf den Atlantik hinaus schauen zu können, die Wellen von draußen herein auflaufen zu sehen. Dieses Auf und Ab würde ich nun viele Tage erleben. Es gab hier keine „Weite der Ebene“ sondern Felsen, die sich auf Felsen stützten, die im Ozean ihren Grund hatten. An der Ria de Viveiro gab es eine kleine Haltebucht. Hier rastete um diese Jahreszeit niemand, dabei war es ein wirklich grandioser Platz, wo man am ehesten das nachempfinden und fotografieren könnte, was ich dauernd sah und empfand. Das war der Moment, auch eine Aufnahme für das Buchcover zu versuchen. Es fand sich niemand, und so war ich ich auf mich allein gestellt. Die Kamera musste entsprechend eingestellt und positioniert werden. Dann wollte ich den Selbstauslöser drücken, zum Rad laufen, schnell aufspringen und radelnd in die Kamera lächeln, die dann auslösen sollte. Das war gar nicht einfach und ich ramponierte innerhalb der 30 Versuche das Rad und meine Knöchel. Jetzt war wieder Beharrlichkeit gefragt. Ich fror immer mehr und meine Hoffnung, dass doch noch jemand kommen würde, der mich fotografierte, löste sich im Sprühregen auf. Es war der Tourtag 11 mit vielen Höhenmetern, vielen Buchten, immerhin fast 130 km, der ein Gefühl von Zufriedenheit und Erfülltheit und all das geboten hatte, das ich von dieser Reise erhoffen konnte.

Warum ich mir bei der Planung ausgerechnet Foz für eine Übernachtung ausgesucht hatte, vermochte ich gar nicht sagen. Denn es war ein unspektakulärer Ort, der erst kurz vor Ankunft überhaupt ausgewiesen wurde. Er lag still, fast gänzlich ohne Tourismus und einerseits völlig ab vom Schuss und andererseits für mich grandios.

Typisch Galizischer Maisspeicher

... nach Asturien

Es war die Abwesenheit sämtlicher Höhepunkte. Ein paar Restaurants, die übliche Kirche mit einer Wandmalerei, die Fischer bei ihrer Arbeit zeigt und der Atlantik, der sich in der Dunkelheit völlig beruhigt hatte und nur zu erahnen war. Sie haben hier so viele solche Städtchen, dass eben auch ganz unspektakuläre darunter sein konnten, die nicht vom Tourismus überlaufen werden.

Am kommenden Tag war der Himmel roséfarben. Ich überquerte den Ribadeo und kam nach Asturien, das sich in diesem Licht wie die Toskana auf mittelalterlichen Gemälden ausnahm. Die Sahara schickte Staubwolken über das Mittelmeer und die mikrofeinen Körner schwebten nun tagelang durch die Luft. Es ging zwar am Meer entlang, aber eben unzählige Male von Meeresspiegelhöhe auf über 150 m. Meine Fahrt ging über insgesamt mehr als 700 km auf der berühmten Carretera Nacional N 634 zwischen Santiago de Compostela und San Sebastian entlang. Zwar gab es immer wieder Abschnitte, die für Radfahrer gesperrt waren oder die durch die Autobahn ersetzt worden waren. Aber jedes Mal freute ich mich, wenn ich zurück war auf der „gran via del norte", der wichtigsten Straße im Norden Spaniens, bevor die Autobahn gebaut worden war. Eine weitere bedeutende Verkehrsader konnte ich seit Ferrol verfolgen: Die Eisenbahnlinie Ferrol-Gijon. Ich war ein bisschen neidisch, denn man hatte im Verlauf des zwanzigsten Jahrhunderts keine Mühen gescheut, diese Schmalspurstrecke über unzählige Brücken und Tunnel durch die zahlreichen Meeresbuchten hier im Norden Spaniens zu führen. Kein Wunder, denn man versprach sich einen hohen Nutzen durch Verbindung der Schwerindustrie Asturiens und den Waffenschmieden in Galicien. Wie anspruchsvoll und teuer diese Strecke war, kann man an der langen Bauzeit von 1921 bis 1972 ablesen. Aber als die Strecke endlich fertig war, gab es längst große Lastzüge mit breiteren Achsen. Immer wieder sah ich Viadukte unter und über mir, aber nur ein einziges Mal einen Zug auf den Gleisen. Tatsächlich ist der Bahnverkehr auf dieser Strecke viel zu gering. Dabei hätte ich richtig große Lust, diese Bahnfahrt entlang Costa Verde mal selbst zu erleben. Es gibt sogar einen Hotelzug, den luxuriösen „El Transcantábrico".

In Gijón brauchte ich eine Pause. Die vielen Höhenmeter Tag für Tag auf der Nationalstraße ließen es nicht zu, einfach nur wie eine Maschine weiterzufahren. Es war immerhin Tag 13 und somit schon mehr als die Hälfte der Reise absolviert.

Aussicht auf den Hafen von Lluarca

Eisenbahnviadukt Ferrol-Gijon bei Cadavedo

Blick auf die Bucht des Playa Cadavedo

Aber ich wollte die Reise nicht absolvieren, ich wollte bei aller physischen Herausforderung auch den Spaß, den Genuss und die Freude am Neuen nicht zu kurz kommen lassen. Immer wieder boten sich grandiose Aussichten, wenn ich eine der vielen Rampen hinauf gestrampelt war. Die unzähligen Buchten waren tatsächlich jede für sich spektakulär und natürlich einzigartig. Oben angekommen, machte ich Fotos und ergötzte mich an den aufschäumenden Wellen des Atlantiks, der unter mir lag. Der Werbespruch „Asturias – paraiso natural“ – hat wirklich seine reale Bewandtnis. So viel Grün, Felsen und Buchten gab es, dass ich schon meinte, es wäre nicht schlimm gewesen, ein paar davon zu überspringen. Aber das ging natürlich nicht. Diese wilde Landschaft hat ihr Gutes.

Denn wenn sich dann mal eine Flussebene bot, gab es eben, wie im Ballungsraum Aviles-Gijón-Oviedo, auch jede Menge Schwerindustrie. Gijón als Stadt ist keine Schönheit, jedenfalls erblickte ich sie nicht. Später am idyllischen Sporthafen mit dem Cider-Monument war ich zwar beeindruckt von den vielen Booten, aber vorher gab es eigentlich nur breite Straßen mit schmucklosen Häusern.

Schwerindustrie in Aviles

Hafenidylle in Gijon

Cider Skulptur für das Nationalgetränk in Gijon

Mein Rad konnte ich ans Fenster des Restaurants anlehnen. Ich war irritiert, wie unverwandt mich von drinnen der Wirt ansah Er reckte seinen Arm nach oben und goss Cider in ein Glas, das er über einen Meter tiefer hielt. Es hätte daneben gehen müssen, aber nicht ging. Denn dieses Eingiessen mit Freisetzung von Kohlensäure war offenbar Teil der Kultur in Gijón. Alle Leute tranken hier Cider, der immer nur schluckweise nachgeschenkt wurde, weshalb man fortwährend die Wirte dabei beobachten konnte. Ein herrliches Schauspiel. Später in Villaviciosa kam ich sogar an einer schönen traditionellen Fabrik vorbei: „El Gaitero - Sidra Champagne“. Ich war eigentlich schon weiter, hatte aber etwas im Hotel vergessen. Was ich nicht sah, waren entsprechende Plantagen zum Obstanbau. Vielleicht kommt das viele Obst mehr aus dem Landesinneren mit milderem, ausgeglichenerem Klima?

Cider-Fabrik in Vilaviciosa

Nach den vielen gewundenen Bergstraßen ging es ab Villaviciosa ziemlich konsequent am Meer entlang und auch da gab es natürlich das eine oder andere Naturschauspiel.

Asturisches Bergland: Asturias - Paraíso-Natural!

Seltener Erlenwald und Felsen:
Desfiladero de Entrepeñas

Warten auf das beste Bild - Playa de San Antolin

Ich war inzwischen in Kantabrien. Die kalkigen Felsen im Meer wiesen zahlreiche Durchlässe für die brausenden Wassermassen auf und beim Aufprall einer neuen Welle blies die Gischt dann durch die Öffnungen nach oben ab – wie ein Stier durch seine Nüstern. Ich investierte einiges, um das zu fotografieren, aber so richtig gelang es mir nicht. Denn wozu gibt es Murphys Gesetz? Nach einer kleinen Ewigkeit packt man den Fotoapparat ein, steigt auf, sieht ein letztes Mal zurück und dann kommt sie, die perfekte Welle. So ergeht es sicherlich auch den Surfern, die im Wasser darauf warten.

Ribadesella, Llanes, Unqueira – rechts die Berge, links der Ozean – es ging immer weiter, immer weiter. Die Steigungen erscheinen mir angesichts der vielen Ansichten des Meeres nicht so stark und 106 Tageskilometer bis nach San Vicente de la Baqueira schaffte ich brutto, also einschließlich Pausen, in sechs Stunden. Ich hatte mich von meinem Etappenschema gelöst und war dem nun schon einiges voraus. Wenn ich jetzt nochmal durchstartete, würde ich nicht in der Pampa sondern in Santander übernachten. Die Stadt hätte ich ursprünglich nur kurz durchfahren. Die Aussicht auf eine schöne pulsierende Stadt im abendlichen Glanz beflügelte mich, obwohl es dann doch wieder viele Steigungen gab. Ich fand den richtigen Einstieg in eine kleinere Landstraße, auf der Fahrräder erlaubt waren und trat in die Pedale. Aber es zog sich länger und länger, bis ich dann erst nach 170 Kilometern in weit über neun Stunden Santander erreichte, die Hauptstadt Kantabriens.

So schön war es dort gar nicht. Man kennt ja eigentlich nur den Namen der hiesigen Bank, die inzwischen ein weltweit agierender Konzern ist. Ja, es gibt wie in eigentlich allen großen Städten in Spanien die breite „Gran Via“, aber irgendwie hatte ich mir Santander schöner, vielleicht romantischer vorgestellt. Ich fand ein billiges, armseliges Hostel hinter dem Bahnhof. Das wurde von Asiaten betrieben. Von dort wollte ich nicht nochmal zurück ins eigentliche Stadtzentrum. Es war schon Mühe genug, vorn an der Ecke eine kleine Bar mit Tortillas zu finden, in der ich mir den Magen vollschlug und – wie jeden Abend – Fußball im Fernsehen sah. Ich hatte es bei dieser Tour 28 etwas übertrieben, aber mein Ziel erreicht, eine weitere wichtige Stadt für die Übernachtung einzubeziehen. So konnte ich nämlich am Folgetag eine knapp 100 km kurze Tour bis Bilbao machen und auch dort einen dann etwas längeren Abend verbringen. So würde ich die Überbelastung wieder aus den Knochen schütteln.

Bootsanleger in Santander

Strand und Berge in Mirador Laredo

Die nächste Tagesetappe war zwar kürzer, aber mit steilen Rampen, das bedeutete dafür auch grandiose Ausblicke, wenn man erstmal oben war. Hinter Laredo traf ich auf einer dieser Rampen einen einsamen Wanderer: Alexandro. Er machte kein Abenteuer, nicht jedenfalls im Sinne der Selbstverwirklichung. Er war arm und zog mit einem beladenen Einkaufswagen umher. Ich stieg ab, wir freuten uns der Bekanntschaft und begannen eine Unterhaltung. Ich verstand ihn kaum, nicht nur weil ich kein Spanisch kann. Er sah aus wie die Leute auf dem Land in Aserbaidschan und womöglich war er auch kein Spanier. Womöglich pilgerte er nach Santiago de Compostela? Ich wünschte ihm alles erdenklich Gute und dann nahm ich wieder Fahrt auf, so gut es bergan eben ging. Mach‘s gut, Alexandro, möge der Allmächtige stets mit Dir sein!

Wanderer Alexandro bei El Potarrón

Mein Freilauf, Ritzel oder Radlager im Hinterrad, das immer mal diese „ungesunden“ Geräusche und abrupte Bremsungen machte, hatte sich etwas beruhigt. Ich hatte ausprobiert, wie ich in solchen Momenten treten musste, damit das aufhörte. So beließ ich es bei einer gewissen Verdrängungstaktik und hoffte, damit durchzukommen.

Schroffe-Felsen-am-Rio-Agüera

In den Bergen konnte man immer mal in einiger Entfernung eine gewundene Straße weit oben sehen und wollte sich nicht vorstellen, dass das womöglich die Straße war, auf der man gerade fuhr. Selbstverständlich war sie es. Es konnte keine andere sein. Alternativ gab es ja nur die paralleleAutobahn, die sich aber nicht so eng am Berg schmiegte. Dort oben nahm man dann zuweilen die gewundene Straße im Tal in Augenschein, die man da herauf geschnauft gekommen war. Wer wie ich, nicht im Gebirge aufgewachsen ist, sondern in einer märkischen Sandbüchse, kann sich wahrscheinlich zeitlebens nicht vorstellen, dass es solche Ein- und Aussichten wirklich gibt und was doch Höhe ausmacht. Es genügen mir ja schon hundert Meter über der Mosel, um entzückt zu sein. Wenn dann noch Pferde im Hang grasen, ist die Idylle perfekt. Wahrscheinlich waren es einfach diese tiefen Eindrücke, die mich klaglos haben weiter treten lassen.

Stute mit Fohlen hoch über dem Atlantik

Radweg entlang der
Ria de Bilbao ins Zentrum
der Hauptstadt Bizkaias

Herz Jesu Monument am Beginn der Gran Via

Bilbao liegt wieder an so einer Bucht, die sich tief ins Landesinnere zieht und an der es schöne Radwege gibt, inklusive einiger Werbetafeln, wie umweltfreundlich und nachhaltig alles sei. Durch das Flussufer war diesmal der Weg in die Stadt, vorbei am„Estadio de San Mamés“, mühelos zu finden. Atletic residiert hier. Bilbao ist die offizielle Hauptstadt des Baskenlandes und seit der Errichtung des Guggenheim-Museums weltbekannt. Dieser Bau hat auch die gesamte Stadt in eine völlig neue Richtung gedreht – zum Positiven. Direkt an diesem Museum fand ich ein freies Hotelzimmer, das natürlich teuer und besser als bisherige war. Das war mir dort recht, weil ich nicht wieder so schäbig schlafen wollte, wie die Nacht zuvor. Von Zeit zu Zeit braucht es auch mal ein richtig schönes, weiches Bett. Außerdem ist in Bilbao immer Saison, weshalb man mit einer Suche nach einer preiswerten Unterkunft sowieso nicht weit käme. Man hat das Gefühl, in einer kleinen Weltstadt zu sein.

Weltberühmtes Guggenheim Museum

Jado Plaza

Kaffeepause in Elgiobar

Jaime - Begleiter durch die Berge Bizkaias

Im Jahre 2009 war ich schon mal im Baskenland – in Vittoria Gasteiz zur EJC European Juggling Convention. Dieses weltweit größte Jonglierevent spielt jährlich in einer anderen Stadt. Damals fuhr ich mit dem Auto hierher und war sensibilisiert für die Baskische Kultur, die eigene Sprache und die Autonomie innerhalb Spaniens. Jetzt spürte ich das wieder, wie anders es war, sich mit drei Brocken Spanisch durchzufragen, um dann doch nur in spöttische Gesichter zu blicken. Aber letztendlich sind wir alle Freunde – erst recht die Roadbiker.

So einer war auch Jaime, den alle nur englisch „Jamie“ nennen und der mich auf seiner Sonntagstour einholte. Wie viele andere interessierte auch er sich für mein Gepäckkonzept und bot sich an, uns ein gutes Stück zu navigieren. Als „Local“ wusste er, wo die Straßen gut sind, wo Schlaglöcher und Baustellen lauern und wo man sich schnell mal verfahren kann. Denn die Freude währt nur kurz, wenn es hinunter geht ins Tal und man dann feststellen muss, dass es das falsche Tal ist. Ich blieb in seinem Windschatten und trat nur heraus, wenn wir wieder ein Stück weitersprechen wollten. Das Gelände war teils so steil, dass man sich in vielen Fällen für einen Tunnelbau ent-

Panoramastrasse - man könnte dauernd fotografieren

Brandung-bei-Zumaia

Felsentunnel bei Zarautz

schieden hatte und so sauste ich zusammen mit den Autos durch die Röhren. Ich war mir nicht sicher, ob es der Fahrtwind oder das Adrenalin war, das mir ein Dauergrinsen ins Gesicht formte. Bis auf wenige Ausnahmen war es im Mittelteil der Etappe Bilbao-San Sebastian eine Route entlang des Flusses Deba, also in Richtung der Gebirgskette und nicht, wie viele Tage lang, quer zum Grat.

Wieder am Meer fand ich mich auf einer Küstenstraße, auf der die Leute teils zwischen den Orten sogar zu Fuß gingen. Hier bei Zarautz befand sich einer von mehreren Surf-Hotspots. Es gab Eis, spielende Kinder und jede Menge Verrückte auf ihren Brettern, die wie schwarze Delfine im Wasser warteten, um dann rechtzeitig auf und mit der Welle zum Strand zu reiten. Ich sah eine Frau, die zum Feierabend mit ihrem Surfbrett auf dem Fahrrad nachhause fuhr. Sehr lässig!

Die nächste Stadt war San Sebastian – die heimliche Hauptstadt des Baskenlandes. Doch die passende Route in die Stadt fand sich nicht. Mehrfach musste ich mein Handy befragen, denn Straßen gab es genug, aber nicht für's Rad. Dann sah ich Martha, eine Intensivschwester, die jeden Tag mit dem Rad zur Arbeit und wieder nachhause fährt. Sie hatte Beine wie Draht und fuhr in hohem Tempo. Für diese Gegend ist so eine Alltagsradlerin eher untypisch, in den Niederlanden sieht man sie viel öfter. Ich fragte sie in voller Fahrt, ob sie unterwegs sei ins Stadtzentrum – „centro urbanico?“. Sie nickte und bedeutete aber trotzdem, dass wir kurz anhalten sollten. Sie konnte, wie viele Menschen hier, ganz gut Französisch und ich war froh, mich endlich wieder besser verständigen zu können. Denn das Baskisch hatte es noch komplizierter für mich gemacht als vorher schon Portugiesisch und Spanisch. Sie fuhr voraus in ihrem kompromisslosen Stil und immer, wenn wir irgendwo warten mussten, sprachen wir weiter. Das gefiel mir und so ging es bis zum ersten Strand. Dort hielten wir. Es gibt dann noch den zweiten Strand direkt an der Promenade und noch einen auf der anderen Seite der Stadt. Sie erklärte mir alles und musste dann aber nachhause, ihr Mann wartete wohl und sie sagte, er sei krank. Hoffentlich keine Männergrippe!

An der Promenade war es brechend voll. Ich blieb noch kurz, um die Atmosphäre aufzusaugen, denn später hätte ich wahrscheinlich mal wieder keine Kraft mehr, um herumzulaufen. Alte, junge, gläubige und ungläubige Menschen aller Couleur tummelten und vergnügten sich hier. Natürlich durfte wie überall in Frankreich so ein „Belle Epoque Carousel“ nicht fehlen.

Strände von San Sebastian

Strandpromenade San Sebastian
mit Uhrzeit und Luftdruck

Sportler und Genussmenschen machten das, was nur über die Promenade geht: Flanieren! Ich schlief ein mit einer kleinen Portion Wehmut, anderntags würde ich nach kurzer Fahrt nach Frankreich kommen. Denn der Anfang von etwas Neuem hat auch immer sein Geschwisterchen dabei – das Ende des Bisherigen. Und die Grenze war nur 20 km weit. Immerhin, das Baskenland versteht sich grenzüberschreitend, ein seltener Fall auf der Welt.

Frankreich - Westküste

Das Wetter, die Landschaft, das Meer, alles lag mustergültig und ruhig vor mir. Der letzte steile Anstieg befand sich kurz nach der Grenze bei Irun, dann wurde es nur noch wellig und hin und wieder erhaschte ich einen Blick auf die gezähmt heran rollenden Wellen. Damals, als ich hier war, machten viele Spanier auf dieser Seite der Biskaya Urlaub, weil die Strände so viel breiter und zahlreicher sind und das Klima soll auch noch angenehmer sein.

In Saint Jean de Luz machte ich eine meiner gewohnten Kaffeepausen. Zwei Kaffee und zwei Stück Kuchen gab es nicht mehr für 6 €, wie in Portugal, nicht mehr für 9 € wie in Spanien, sondern gar nicht mehr! Es ist witzig in Frankreich: Im Café gibt es Kaffee, aber keinen Kuchen, beim Bäcker gibt es Kuchen, aber keinen Kaffee und wenn man auf die Toilette muss, kann es sein, dass beide keine Möglichkeit haben. Meine drei Grundbedürfnisse musste ich also ab sofort aufteilen. Den Kuchen für 6 € nahm ich mit ins Café und trank dort zwei Espressi für nochmal 6 €. Und Toilette - na, darüber ist Schweigen. Später erinnerte ich mich an meine Tour Rotterdam-Bretagne aus dem Vorjahr: Man muss eine „Boulangerie artisanale“ finden, die haben meist Kaffee und Kuchen und noch manch anderes Essbares und auch ein WC.

Biarritz liegt landschaftlich sehr schön am Meer, mit vielen vorgelagerten Felsen, Buchten und so weiter. Aber an Land ist es ziemlich schlimm: In der Peripherie ist alles zugebaut mit Feriensitzen der Wohlhabenden mit unzähligen Sackgassen. In der Stadt selbst quälen sich teure Autos durch winzige Straßen und der Verkehr musste schon in der Vorsaison durch die Gendarmerie geregelt werden. An Radfahren ist da kaum zu denken. Das Radfahren scheint etwas für Arme zu sein, wenn man mal von ein paar gut ausgerüsteten Rennsportlern absieht. Immerhin gab es ein Eis, das überraschend günstig war und dann fuhr ich weiter bis nach Capbreton. Das „Bretonische Kap“ ist objektiv betrachtet nun auch nicht gerade ein Kleinod, aber vor 22 Jahren war ich mal hier und hatte immer eine innere, leise Sehnsucht nach diesem Ort mit mir herumgeschleppt. Ein bezahlbares Zimmer mit guter Ausstattung, ein perfekter Sonnenuntergang und ein Platz im Strandrestaurant direkt am Meer waren mein Lohn, mich abseits von Biarritz niedergelassen zu haben.

Stiller Moment an einer belebten Straße bei Bidart

Hier so zu sitzen, ein zweites Bier zu bestellen und auf den immer noch ruhiger werdenden Atlantik zu sehen mit einem Segelboot in der Ferne und Wellen, nicht größer als in einer Pfütze, das war grandios!

Das Departement Les Landes ist bekannt für seine Pinienwälder. Napoleon soll sie einst angepflanzt haben. Das ist natürlich Quatsch, wahrscheinlich hat er in seinem Leben keinen einzigen Baum gepflanzt; nicht mal eine Hacke wird er in der Hand gehabt haben. So einer brauchte nur die Finger aus der Knopfleiste zu ziehen und damit zu schnippen, dann setzten sich seine Untertanen in Bewegung. Was hätten sie auch tun sollen. Durch diese Wälder ziehen sich schnurgerade Straßen und sogar ein Radweg. Radwege gibt es in Frankreich eigentlich nicht, aber hier eben doch. Der Wald war kein dunkler, dichter Tann wie bei Rotkäppchen, aber er spendete doch Schatten. Er warf ein schönes Licht: oben grün und unten noch hellbraun durch vom Winter ausgeblichenes Farnkraut.

Ich glitt förmlich dahin mit meinen seit 18 Tagen trainierten Waden und kam auf 25 km/h. Dafür war es nicht aufregend, die Bergwelt vorher war spannender. Vier Monate später sollte im Juli hier der Wald großflächig brennen. Da brennt einem das Herz. Wo immer ich hingereist bin, hatte ich hinterher den Eindruck, es sei auch „mein Land“. Ich hatte es mir erschlossen. Besonders schlimm war es mit der Ukraine, die ich in meinem „Abenteuer Transkaukasien“ erlebt hatte. Jeden Morgen sah ich nun in den TV-Nachrichten neue Gräuel, die das russische Militär auf Befehl eines Verrückten im Kreml anrichtete. Ich verstand jedes Wort der Reporter und litt dabei.

Nach dem Becken von Arcachon ging es genau so flott weiter. Diesmal kam ich in einen Birkenbestand, der noch vom Frühling unberührt schien. Aber das stimmte nicht. Von nahem konnte man die aufbrechenden Blütenstände sehen, von weitem zeigte sich nur weiße Rinde und hellbraunes Vorjahresgras. Die Gegend war zwar sumpfig, aber ich blieb auf den zu dieser Zeit wenig befahrenen Straßen bis nach Lacanau. Noch so ein Ort, den ich mir von damals gemerkt hatte. Hier hatte ich mit meinem Sohn Station gemacht auf dem Weg zum Jonglieren. Damals gab es ein Straßenfest mit auf Stelzen herumwirbelnden Kindern und abends mit jeder Menge Brettspielen im Zentrum.

Die nicht so schöne Seite

Zum dahinschmelzen - Atlantik bei Capbreton

Was ich nicht in Erinnerung hatte: Lacanau gibt es zweimal. Lacanau Ville und Lacanau Océan. Immerhin 14 km trennen beide Ortsteile. Unterwegs fragte ich mehrmals Leute, ob es da irgendwie einen Weg oder eine Straße entlang des Ozeans nach Norden gäbe. Denn ich konnte mir nichts anderes vorstellen, als dass es nicht eine Alternative gäbe zur Option, weit außen rum um den Lac de Hourtin et de Carcans zu fahren. Die Antworten waren inhaltlich diametral entgegengesetzt und etwa gleichverteilt. Von „Ja, gibt es“ bis „Nein, gibt es auf keinen Fall“.

Ich war nahe der Verzweiflung, als ich von Sackgasse zu Sackgasse in dieser von noblen Domizilen zersiedelten Gegend herumirrte. Hier konnte ich auch niemanden fragen, denn hier waren nur Arbeiter aus Osteuropa im Dienst, die die Grundstücke auf Vordermann brachten. Dann gab es doch einen schönen glatten Radweg, der nach 1,7 km jäh endete. Es war vielleicht nicht so schlimm, herumzuirren, wenn sich nicht irgendwann der Tag auch dem Ende zuneigte. Aber das würde passieren. Ein Mädel mit Rollschuhen (!) in Punkerkluft (!) saß auf einer Bank in diesem Nichts. Ich musste sie aus ihren Tagträumen wecken, in die sie mit dicken Kopfhörern versunken war. Sie sagte: „Ja, da gibt es einen Weg, gleich hinter dieser Baumgruppe“. Ich war kurz beflügelt, aber dieser Weg war eine ziemliche Tortur.

Ausgedehnte Pinienwälder bei Soustons

Von der Natur geformt, vom Menschen geliebt -
prachtvolle Pinien

Solidarität allerorten

Der Frühling kommt, aber man sieht ihn noch nicht

Herumirren ist menschlich

Mein Rad litt und ich mit ihm. Nach weiteren 10 km kam ich an einen scheinbar von der Außenwelt abgeschnittenen Ferienort. Nicht dass die Bungalows aussahen wie bei „The Walking Dead“, aber in Google war hier keine Straße verzeichnet, so natürlich auch nicht der Weg, den ich gekommen war und keiner nach Norden, den ich irgendwie finden wollte. Notfalls müsste ich mich auf einem Sommerweg nach Maubisson durchschlagen und dann doch außen rumfahren. Das alles war wenig erquicklich, aber ich wurde gerettet: Nachdem ein Radler in Lacanau Ville, von Norden kommend, den Weg spielend gefunden hatte und ihn mir beschrieb, hatte ich meine Probleme, den aus Süden kommend zu finden. Aber Monique und Didier aus Bordeaux kannten denselben Weg. Ich war happy, es gab ihn doch! Ich hatte mich nicht verhört zuvor. Sie sagten, es sei eine richtig gute Asphaltstraße, nur möchte man nicht, dass sie benutzt würde. In der Hochsaison sei sie sogar gesperrt und es würde teuer, dagegen zu verstoßen. Aber es sei kein Problem. Puhh, das war aber ganz schön knapp gewesen für meinen Dickkopf. Ich würde es zwar nun nicht mehr bis zur Gironde-Mündung schaffen, aber über Hourtin nach Montelivet les Bains, das müsste gehen.

Ich war stimmungsmäßig wieder oben auf und trat, was das Zeug hielt. Unterwegs sah ich noch abgezäunte Areale, die vielleicht Abschussrampen für Raketen sein konnten. Montalivet war bis auf einen belebten Surferstrand noch vor dem Aufwachen. Vieles war verrammelt und erinnerte mich an eine Geisterstadt in Arizona (also aus dem Fernsehen meiner Kindheit). Die tiefstehende Sonne reflektierte matt auf dem Asphalt, die Bäume hatten (noch) keine Blätter und vor einer Kneipe hockten angetrunkene Saisonarbeiter mit ihren gegerbten Gesichtern. Die fragte ich und einer meinte, eine offene Herberge zu kennen. Es war mehr oder weniger die Schaltzentrale eines Bikerclubs, aber sie hatten auch richtig gute Zimmer und viel zu Essen. Der Präsi persönlich führt hier die Geschäfte. Offenbar veranstalteten sie jedes Jahr ein Bike- und Erotikevent namens „Show-Bike-Aquitaine“, wenn‘s denn erstmal die Gäste in die Stadt gespült hat. Die Plakate der letzten zwanzig Jahre hingen an den Wänden und die Musik war milieutypisch aus echtem Metall. Ich fühlte mich da wohl.

Mit vollem Rückenwind fuhr ich anderntags bis zur Fähre an der Gironde, aber dann hatte ich doch noch ganz viel Zeit. Mitten in der Mündung steht der älteste Leuchtturm Europas, nein, Frankreichs.

Wellenreiter

Phantastische Surfwellen in Montalivet

Feierabend!

Wie eine Westernstadt - Montalivet les Bains

Statt mit der Frau, mit dem Rad ins Bett

Denn den ältesten Leuchtturm von Europa hatte ich ja schon im Abenteuer Baltikum auf der estnischen Insel Hiiumaa bestiegen, in Kõpu. Dieser hier in Cordouan ist so weit draußen und so weit in der Mitte der Gironde, es war mir unmöglich, den vernünftig zu fotografieren. Da hätte ich ein zusätzliches Teleobjektiv gebraucht. Ich verließ mit der Fähre das Medoc, es war mir gar nicht aufgefallen. Im Sand der Dünen wächst auch kein Wein, denn das Anbaugebiet liegt etwas weiter im Landesinneren. Auf der anderen Seite gab es Austern, das sah man an Zuchtbetrieben und an einer großen Plastik auf dem ersten Verkehrskreisel bei Royan.

Die Charante war schon wieder so ein großer Fluss bei Rochefort, den ich irgendwie gut überqueren wollte. Die Landstraße wurde zur Schnellstraße und bevor ich das überhaupt bemerkt hatte, hupten mich schon die großen Freightliner an. So tief konnte ich gar nicht in meinem Tagtraum versunken sein, um das zu überhören. Ich traf Gottseidank Théo, einen gelangweilten Schüler, der mit seinem Bike herumgondelte. Der wusste, wo es lang ging bis zur Auffahrt auf die Brücke und begleitete mich bis zur Charante.

Im Austernland bei Royan

Funktionierendes Technikdenkmal: Schwebefähre über die Charente in Rochefort

Zum verlieben - La Rochelle

Schon in der Märzsonne voll belegt -
Yachthafen La Rochelle

Café de Nuit

Ein Karussell gehört zu jeder Promenade

Ich interviewte ihn und wir stellten fest, dass es mit dem Radfahren in Frankreich wirklich nicht ganz einfach ist. Ich fragte ihn auch nach der eigenartigen Brücke weiter flussaufwärts. Er erklärte mir alles, aber leider war ich nicht gut genug, im Verstehen. um zu erkennen, dass ich da auch auf die andere Seite kommen könnte - über den „Pont Transbordeur“. Es ist eine Schwebefähre, quasi ein schwebendes Stück Brücke, auf das man auf der einen Seite drauf fährt, dann an Seilen hängend herübergefahren wird und dort wieder anlandet. Heutzutage ist es ein funktionierendes Museumsstück. Eine ähnliche Fähre gibt es auch in Rendsburg. So fuhr ich also über die große Brücke, die mich auch wegen der schmalen Radspur und den vielen LKW flashte. Ich liebe das ja und habe da auch irgendwie keine Angst. Von oben sah ich winzig weit weg den Théo auf einem ehemaligen Brückenkopf auf seinen Freund warten.

In La Rochelle hatte ich mich direkt verliebt, da will ich unbedingt nochmal hin. Die Stadt wirkte derart lieblich auf mich, das Hotelzimmer, das ich erst im dritten Anlauf ergatterte, war ebenfalls allerliebst. Ich kann bis heute nicht sagen, was mich an diesem Abend so überwältigte. Immerhin hatte ich noch genügend Zeit für einen Rundgang auf der Kaimauer und durch ein paar Straßen der Altstadt. Am späten Abend sah ich mich an einem Café an Vincent van Goghs „Cafe de Nuit“ erinnert: Das Licht, das auf die Straße fiel, die nur noch wenigen Gäste, auf die die Wirtin warten musste, bevor sie schließen konnte und natürlich die Markise, die den Lichtschein begrenzte und zu komprimieren schien. Nur war es hier seitenverkehrt.

Nachdem ich morgens erstmal das Grünland in der Ebene nördlich von La Rochelle durchquert hatte, kam ich bei Les Sables d'Olonne wieder ans Meer. Am Meer ist es immer noch am schönsten, auch wenn es hier nur den Hafen und ansonsten wenig zu sehen gab. In der Vendée, dem südlichsten Departement der Region Loire Atlantique, sah ich schon kleine Bretagne-Schildchen an den Ortseingängen und mein Herz hüpfte. Später las ich, dass diese Region um Nantes historisch zur Bretagne gehörte, aber seit einer Gebietsreform nach dem Krieg offiziell nicht mehr. Mir machte das nichts, ich fand, man sah auch schon, dass das die Bretagne war. Muschelfischer, Pferde auf der Weide und in der Boulangerie gab es Far breton. Das ist der Puddingkuchen, den ich von #rotterdambretagne kannte und fortan in Massen verspeiste. Wie schon bei der Tortilla in Spanien servierte man ihn eher als Tortenstück, während ich gern auch mal die ganze Torte nahm. Das war dann meist doch etwas zu viel. Aber sehe ich aus, als möge ich Halbheiten? Es heißt nicht umsonst „Bewegungsenergie“, die ich brauchte.

Bei Saint Nazaire hatte ich wieder so eine Hochbrücke vor mir, die mich in gute Stimmung brachte. Auf der anderen Seite in der Stadt wollte ich auf jeden Fall am Wasser entlang in den Hafen und es war ganz interessant: Dort werden nämlich Kreuzfahrtschiffe wie am Fließband gebaut. Über sechzig haben sie schon fertig und man sieht die einzelnen Schritte: Rostiger Rohbau, zusammengesetzter Rumpf, frisch angelieferte MAN-Motoren - jeder so groß wie ein Haus. Hier nun war wohl auch etwas Ernüchterung durch Corona eingekehrt, denn lediglich an einem fast fertigen Pott wurde gewerkelt. Im „Le Norway's Café“ gab es Bratkartoffeln und Ei, das hatte ich schon länger nicht gehabt. Hinter dem Tresen stand ein Seebär, der nur aus Norwegen stammen konnte und ich sprach ihn auf Englisch an. Aber nein, er war Franzose, die haben auch ihre eigenen bärigen Menschen. Seine Freundin oder Kollegin schien aus einem Überseedepartement zu stammen, sie spielte die Seemannsbraut.

Les Sables d'Olonne -
Fischereihafen mit Werft

Kirche mit Erleuchtung in Bouin

Malerischer Hafen Le Port Pornic

Fischersteg bei Port du Collet

degemer mat e breizh

Willkommen in der Bretagne

Hochbrücke über die Loire

Le Norways Café in Saint Nazaire

Lieblich: Port de Vieille Roche an der Vilaine

Der Pont suspendus de La Roche-Bernard über die Vilaine

La Roche-Bernard

Alle Gäste und Wirtsleute kannten sich, wahrscheinlich war der eine oder die andere nach der Arbeit einfach aus der Werft hier rüber gewechselt für ein Feierabendbier. Aus den Boxen kam brachiale Metal-Musik von AC/DC und eine mattschwarze Katze drückte nur leicht die Augen zu, als sie mich sah. Um ihren Platz auf dem Tresen zu verlassen, war sie zu stolz. Der Hund hingegen war nicht zu stolz. Er bettelte, aber ich gab ihm nichts, sondern sprach ihm nur gut zu und streichelte ihn. Später bekam er etwas vom Wirt. So ist's richtig. Es war eine insgesamt sehr gemütliche Stimmung dort, doch ich wollte noch weiter. Denn mittlerweile hatte ich schon mein Hotelzimmer am Ziel in Brest reserviert und war gewillt, es pünktlich zu erreichen. Dass ich eine Etappe vor meinem Plan lag, machte keinen Unterschied, denn die gesamte Route war doch hundert Kilometer länger, als ich ursprünglich errechnet hatte.

Die Tagesetappe zog sich dann noch ganz schön, denn nach einem gut ausgebauten Radweg raus aus Saint Nazaire kam über zwanzig Kilometer eine Art sumpfiges Naturschutzgebiet, bevor es in die „richtige" Bretagne, ins Departement Morbihan ging. Der Golf von Morbihan war morgen dran, aber wo würde ich übernachten? Es würde doch hier wohl irgendwo ein Hotel geben? Bis hinunter zur Vilaine ging es in flottem Ritt und dort gab es eine Marina mit hunderten Booten, ein Restaurant, das in dieser Frühsaison noch geschlossen war und ein paar wenige Menschen, die zumindest kein Hotel brauchten. Na klar, fiel mir es dann ein: Wer auf seinem Boot wohnt, braucht kein Hotel. Ich bin ja einer der wenigen, die daran glauben, dass es dort auch etwas gibt, wo Google nichts anzeigt. Aber meistens gibt's dann da eben wirklich nichts. Etwas unschlüssig fuhr ich den Gegenhang von der Vilaine wieder hinauf in den nächsten Ort, der eine reine Schlafstadt zu sein schien. Es gab kein Zentrum und erst recht kein Hotel. Mal wieder waren es Rennradler, diesmal Angelique und Antoine, die sich erbarmten, mir zu helfen. Angelique hatte eine Freundin, die in einem Hotel in der Nähe arbeitete. Das war zwar ausgebucht, aber sie kannte andere und so telefonierte sie sich durch ihr Adressbuch. Sie fanden dann für mich die Auberge Bretonne in La Roche-Bernard. Uff, das war mal wieder knapp. Denn ich hatte keinen Sprit mehr im Tank und musste so nur zehn Kilometer weiter, nochmal über die Vilaine und dann war ich da, in einem beschaulichen, traditionell-bretonischen Städtchen. Mit bretonischen Galettes und Bier füllte ich meine Speicher wieder auf und sank in mein weiches, teures Bett. Auch wenn es manchmal knapp wird, ich liebe die kleinen Abenteuer!

Bretonische Küche im Dan Ewen in Vannes

Mächtiges Stadttor in Vannes

... auch ein Paradies für Literaten

Nach kurzer Fahrt kam ich morgens ein drittes Mal über die Vilaine nach Nordwesten und es ergab sich eine Route mal links, mal rechts der Route National Nantes- Brest, auf der ich selbst nicht fahren durfte. Mitten im staubigen Nichts ging mein Vorderrad platt und ich sah, dass es nicht einfach ein Dorn oder eine Scherbe war: Der Reifen war auf der Lauffläche ein Stück aufgerissen und bevor die Luft entwich, wölbte sich der Schlauch nach draußen. Das war nicht gut! Hier in La Trinité de Surzur gab es lediglich einen „Tabac“ und ich fragte freundlich, ob sie jemanden für mein Problem kannten. Das war nicht der Fall, aber am Tresen staubten ein paar Visitenkarten herum, die den Schlüssel enthielten: Maxím von „Le vélo d'Ewen“. Sein Ladengeschäft war zwar woanders und es ging auch nur sein „respondeur automatique'“dran, aber er rief zurück und machte sich umgehend auf den Weg. Innerhalb von 50 Minuten stand ich mit nagelneuer Michelin-Bereifung und frisch geölter Kette wieder auf der Straße, an einem Samstagnachmittag, an dem es wohl keinen zweiten so guten Menschen für mich gab.

Verspätet kam ich nach Vannes, eine Stadt wie eine Puppenstube. Fachwerk, mächtige Stadttore aus der Steinzeit (Sorry, Historiker) und Gässchen, Sträßchen, Durchgänge. In Vannes hatte ich eigentlich übernachten wollen und die Versuchung war da, schon nach 50 km Schluss zu machen für heute. Es hatte sich seit ein paar Tagen das linke Knie bemerkbar gemacht. Irgendwie war es seit den rauen Bergen Nordspaniens ruiniert und jetzt kam bei langen Strecken ein leiser Schmerz zum Vorschein. Ich tummelte mich durch die Stadt, um dann aber nach Lorient aufzubrechen. Vielleicht war es ja dort genauso schön, die Stadt ist etwa gleich groß und war auch nur noch 50 km entfernt.

In Frankreich konnte ich wieder mehr nach meiner Routenplanung fahren, ähnlich wie in Portugal, aber nun kam es anders. Drei Musketiere auf Rädern überholten mich. Zwei zischten vorbei, aber Martin bremste etwas. Er befragte mich woher, wohin und nach dem schmalen Gepäck. Die anderen beiden, Ben und Aurelien, nahmen Rücksicht und die drei hatten sich in den Kopf gesetzt, mich nach Lorient zu bringen. Denn sie kannten den besten Weg. Es wurde eine tolle, ziemlich schnelle Fahrt, denn ich wollte keine Schwäche zeigen und sie beteuerten, ich sein kein Klotz am Bein. Sie stammen von hier, waren Schulfreunde, bevor es sie über Frankreich zerstreut hatte. Nun trafen sie sich an den Wochenenden und fuhren herum.

Les quatres Musquetaires

Hier an der Laïta beginnt das Finistere

Sie waren an dem Tag schon auf Quiberon und kamen insgesamt auf 160km. Wir machten ein Foto, lachten und klopften uns auf die Schulter: „Bon courage!"

Lorient ist keinesfalls so wie Vannes, es ist das Gegenteil. Kaum ein altes Haus hatten die alliierten Bomber mehr stehen gelassen, als sich der Krieg gegen Deutschland drehte, das hier einen strategischen U-Boot-Hafen betrieben hatte. Heute ist Stadt durch und durch modern und fröhlich, wenn auch nicht typisch bretonisch.

Die Brücke über La Laiita bildet die Grenze zum Departement Finistere, dem Nordwestzipfel Frankreichs, für viele die „eigentliche" Bretagne. Weit unten paddelte eine Reisende und ich musste kurz innehalten, um diesen Übertritt zu würdigen. Es war nicht mehr weit bis nach Brest. Während ich schon am nächsten breiten Fluss Le Bélon dahin radelte, weckte ein pfeilschnelles Paar mein Interesse, Denise und Pascal. Sie waren hier aus der Gegend, machten eine Sonntagstour nach Pont Aven und das kannte ich irgendwoher. Genau, das war der Tatort von „Bretonische Verhältnisse". Beide wollten zu einer Fotoausstellung und zwangen mich förmlich, nicht meine Route zu fahren, sondern mit ihnen zu kommen. Abwechselnd erzählte mal sie von dem außergewöhnlichen Künstlerort Pont-Aven, der Geschichte mit zahlreichen Schülern um Paul Gauguin und dann wieder er von Kaolin-Vorkommen, einer Porzellanmanufaktur und der einstmals bedeutenden Konservenindustrie.

Sie kannten auch Jean Luc-Banalec (ein Pseudonym), der wohne hier in der Nähe. Das ist der einst kölsche, jetzt bretonische Krimiautor von Kommissar Georges Dupin, der von der Pariser Polizei in die Bretagne strafversetzt worden war und hier seitdem ermittelt. Seine Bücher hatten die Sehnsucht zur Bretagne einst in mir ausgelöst. Bei meinem Abenteuer Baltikum war ich auf diese Bücher gekommen und hatte allesamt verschlungen. Nun saß ich auf der Terrasse des „Hôtel Des Mimosas", das im Krimi „Hôtel Central" heißt und war also auf den Spuren des Kommissars.

Deswegen musste ich als nächstes auch unbedingt nach Concarneau, denn dort im „L'Admiral" trank er immer seinen Kaffee und ließ sich meist zu später Stunde noch etwas kochen.

In Pont Aven einem Mekka der Malerei

Das berühmte Hôtel
Des Mimosas in Pont Aven

OSAS
L'écailler
IMOSAS
TAURANT
Fruits de mer
Hôtel
L'HÔTEL
L'écailler
22
H

Die pittoreske Kulisse ist Schauplatz des ersten Kommissar Dupin-Krimis

Am Hafen von Concarneau

Es war sein zweites Zuhause. Heutzutage gibt es immer noch Espresso dort, aber der womöglich marokkanische Inhaber hat die Musik auf Gangsta-Rap umgestellt und so will die erhofft romantische Stimmung nicht recht aufkommen.

Die nächste Station war dann Quimper, das liegt im Binnenland. Hier residierte der Chef von des Kommissars – Präfekt Locmariaquer. Ein so richtig typisch bretonischer Name. Der war stets unzufrieden mit den Alleingängen von Dupin. Ich konnte mir leisten, dort nach 80 km schon Feierabend zu machen, denn die Schlussetappe nach Brest würde ich morgen locker schaffen. Quimper hat sehr viele Fachwerkhäuser, einen malerischen Marktplatz und eine Kathedrale mit enormen Ausmaßen. Eine verrückte Musikgruppe spielte wie zur Begrüßung und wurde begeistert umringt. Nach Hotelsuche und Duschen ließ ich mich dort nieder und aß eine ganze große Käseplatte. Ich brauchte drei Bier zum Runterspülen. So langsam merkte ich, dass ich eine größere Pause brauchte. Die Kräfte reichten aus, aber auch nicht viel weiter als bis Brest.

Concarneau am Atlantik

L'Admiral - Homebase des Kommissar Dupin
L' Amiral
BAR
RESTAURANT
BAR • BRASSERIE
RESTAURANT

La Cathédrale Saint Corentin

Altstadt vom Quimper

Ein bretonisches Kleinod
Châteaulin an der L'Aulne

Käseplatte im ersten Haus am Platz

Für die letzte Etappe #Algarve-Bretagne brauchte ich nochmal Power und Geduld. In einem großen Bogen fuhr ich um die Baie de Douarnenez und die Rade de Brest. In Châteaulin sah ich nochmal eine Kleinstadt, die sich einfach nur lieblich anfühlte. Es war bedeckt und still wie im Herbst, sodass sich der Ort auf dem Wasser der Aulne perfekt spiegelte. Hier saß ich gut im warmen Café, denn beim Fahren war mir zwar nicht zu kalt, aber hier im Norden wärmte die Sonne nicht mehr und an so einem Tag ohnehin nicht. Von weitem konnte ich von einem Aussichtspunkt über die zerklüftete Küste gucken. Finistère von oben.

Pont de l'Iroise über den Elorn

Rivière de Faou von weitem - Ausläufer des Atlantiks

Die Mündungen der Flüsse öffnen sich zu breiten Trichtern ins Meer und lassen unzählige Halbinseln entstehen. Hier nahe Brest ist die Bretagne rau, selbst wenn es kein rauer Tag ist. Auf der Plougastel-Halbinsel zum Schluss ging es dann nur noch runter nach Brest und rauf auf eine separate Brücke für Zweiräder und Fußgänger. Das war ja toll! Das hätte ich nicht erwartet. Es war natürlich früher eine Autobrücke, ein Stück weiter gab es nun aber eine neue Schrägseilbrücke, wo der Verkehr sich austoben konnte.

Die Einfahrt nach Brest war ganz anders als ein Jahr zuvor, als ich aus Rotterdam dort ankam. OK, ich kam von Südosten und damals kam ich von Westen in die Stadt, aber ich hatte auch ein ganz anderes Gefühl dabei - ein besseres! Das Wetter heiterte auf und ich fuhr einige Kilometer direkt am Wasser durch die Vororte, vorbei an einem Yachthafen und den massiven Festungsbauten aus dem Mittelalter. Mir erschien Brest dieses zweite Mal viel schöner und freundlicher, obwohl es auch hier kaum eine Altstadt gibt.

Im Hotel „Vauban“ begrüßte mich dieselbe zackige Empfangsdame wie im letzten Jahr, erkannte mich aber nicht wieder. Auch den Fehler, mein Fahrrad zu erwähnen, machte ich kein zweites Mal.

Hotel Vauban - mein Ziel in Brest!

Hafenstadt Brest en Bretagne

GENDARMERIE
MARITIME

Bahnhofshalle morgens 6 Uhr

Bahnhof Brest

Ich schob es einfach auf die noch nicht in Betrieb befindliche Restaurantterrasse hinter einen Blumenkübel. Später verpackte ich es für die Zugreise, zu der ich in aller Herrgottsfrühe aufbrechen würde. Der schönste Ort abseits des Wassers in Brest war für mich die „Ambassade Bretonne“ eine Galetterie mit Cidre aus der Tasse, wie es sich gehört in der Bretagne.

Mein Zug nach Paris Montparnasse fuhr pünktlich, kam aber nicht pünktlich an. Auch der Umstieg zur Gare de Lyon war alles andere als komfortabel, vor allem, wenn man die ganze Zeit ein kleinstmöglich in einer Tasche verpacktes Fahrrad samt Reisegepäck dabei hat. Die Tunnel der Metro mit unzähligen Treppen und Gängen nahmen kein Ende und natürlich war mein Zug längst abgefahren. Nun kann man nicht einfach wie in Deutschland den nächsten Zug nehmen, sondern man braucht eine neue Fahrkarte, denn es gibt im TGV keine unreservierten Plätze. So schön ihr Name auch war, aber die „Boutique Grandes Lignes“ (Fernverkehrs-Verkaufsstelle) war ein echter Stimmungskiller. Hier kamen nur Gestrandete her, deren Probleme sich nicht am Automaten lösen ließen. Und das dauerte halt.

So verpasste ich einen weiteren Zug und da in der kommenden Stunde kein Zug nach Mulhouse fuhr, hatte ich letztendlich drei Stunden in Paris, die ich mir gegenüber der Station in einem Restaurant versüßte. Wobei versüßen nicht ganz der richtige Ausdruck war, denn das günstigste Bier stand den erlesenen Preisen der Speisen mit 9,40 € in nichts nach. Da verzichtete ich besser auf ein Dessert, um es beim Omelette zu belassen.

Musikerin an der Station Montparnasse-Bienvenüe in Paris

Aber was sollten diese Gedanken! Ich war heil und war glücklich, mein Abenteuer #AlgarveBretagne bestritten zu haben. Es war eine unglaubliche Tour. Sie brachte mich physisch an meine Grenzen, ohne mich zu zerstören. Sie erfüllt mich noch Monate später mit einem riesigen Schwall an Erlebnissen und Eindrücken. Jeder Tag war eine Sensation. Ich hatte so gut wie keine negativen Erfahrungen machen müssen. Die Reise lief nicht deshalb so problemlos, weil ich ein ausgebuffter Abenteurer bin, sondern weil ich auch das nötige Glück hatte. Der Atlantik hatte sich mir in seinen unterschiedlichsten Zuständen präsentiert und den Menschen dort gönne ich es, dass sie ihn jeden Tag haben.

Zwischenstop mit dem TGV: Die Gare de Lyon

Mittagspause in Paris

Kleiner ging es nicht

Es blieb noch eine Frage übrig, die sich mir im TGV nach Mulhouse nach ganz vorne ins Großhirn schob: „Steht eigentlich das Auto noch dort?“ Ja es stand noch dort, es war schmutzig vom Saharastaub, aber es war heil. Eine kurze Dusche in der Waschanlage und ich konnte an diesem friedlichen Nachmittag zu den Klängen von SWR2 Kultur nachhause gondeln. So sollte es sein!

Das Rad ist gut verpackt

Rotterdam - Bretagne

Niederlande und Belgien

Der Start in Rotterdam war sogfältig gewählt. Es war die erste der beiden Atlantik-Touren und darauf kam ich, weil ich zuvor schon mal nach Rotterdam mit dem Rad gefahren war. Mit Freunden hatten wir uns von Koblenz auf den Weg gemacht, um immer am Rhein entlangzufahren. Ganz exakt hatten wir uns nicht an den Fluss gehalten, aber wie immer unseren Spaß. Einer der Weggefährten ist inzwischen verstorben, ein unsagbarer Verlust für die Familie und die gesamte Nachwelt. Unsere Tour nach Rotterdam ist das, an was ich als erstes denke, wen ich an ihn denke.

Ich wollte diesmal weiter fahren, immer weiter nach Westen, wie ein Pionier; Pionier im übertragenen Sinne. Es ist alles längst entdeckt in Europa, aber nicht für mich und nicht durch mich. Ich muss die Welt selbst sehen, um sie zu verstehen. In Rotterdam wohnen auch gute Freunde, die mir den letzten Schubs geben sollten, bevor ich mich aufs Rad schwang Richtung Westen. Bei aller Vorhersehbarkeit: Jeden Tag über hundert Kilometer weit gegen den Wind zu fahren, das ist schon eine Herausforderung, die vielleicht doch nicht ganz selbstverständlich ist.

Der Anfang ist leicht, Radfahren in Holland - sorry, in den Niederlanden - das ist wie Segeln in der Karibik. Wenn es da nicht geht, wo sonst? So kam ich über die Erasmusbrücke und im großen Bogen um die Anlagen von Europas größtem Überseehafen. Da stehen die großen Tanks der Ölkonzerne und deren Raffinerien. Ein Tank wurde mit einer regenbogenfarbenen Bauchbinde lackiert. Tja, liebe Wirtschaftsbosse, greenwashing allein schützt noch lange nicht die Umwelt. Aber offenbar funktioniert es dann doch in den Köpfen von uns, den Verbraucher:innen!

Ich kam immer weiter weg von solchen Gedanken. Nach 20 km in Spijkenisse war alles nur noch schön grün und üppig hochgewachsen, aber ich hatte Probleme, nicht vom rechten Weg abzukommen. Es gab beinahe zu viele Radwege, ein Luxusproblem eigentlich.

Rotterdam

Softeis und Pommes

Zeelands Inseln

Oosterschelde
Sperrwerk

Jugendstil-Pilot Häuser
entlang der Spuistraat in Vlissingen

Mit der Fähre
über die Westerschelde

Ich wollte schräg durchfahren, über die vier großen Inseln, die Zeeland ausmachen und an deren letztem Ende mein Ziel Vlissingen lag. Sie werden durch Dämme und Sperrwerke verbunden, über die man einen herrlichen Blick auf das endlos weite Meer haben musste. Der Mut des Abenteurers wurde mal wieder belohnt: Bob, ein Programmierer aus Rotterdam, war unterwegs zu seinem Heimatort mit einem Vintage Rennrad. So ein Rad ist ja inzwischen fast Pflicht, wenn man in Kreuzberg, Friedrichshain, auf der Schanze oder eben hier in Rotterdam unterwegs ist. Aber Bob war ein völlig unprätentiöser Mensch, der einfach sein altes Rad repariert und geputzt hatte. Er ist bestimmt kein Hippster. Ich war sehr glücklich, ihn zu treffen, weil er den definitiv besten Weg kannte nach Hellevoetsluis. Denn dort begann das Inselhopping über die Dämme zwischen dem Meer und dem Achterwasser, das sich aus den Mündungen von Rhein, Maas und Schelde speist. Die wuchtigen Wehranlagen sind eine technische Errungenschaft, die das Leben auch unterhalb des Meeresspiegels möglich macht und die schlimmsten Fluten und Naturgewalten außen vor lässt.

Das Wetter war bombastisch, denn die Sonne strahlte und der Wind blies sanft. Alles, was ich transpirierte, wurde über die Funktionsklamotten abgeleitet und von den Lüften davon getragen. Ich kam in Hochstimmung, weil es so gut lief. Ich war wieder unterwegs nach zwei Pandemiejahren, die mir nur kleinere Touren ermöglicht hatten. Immerhin hatte ich in der Zeit meinen kleinen Verlag gegründet und an die dreihundert Buchhändler mit Bahn und Rad für meine Bücher abgeklappert. Nun war ich wieder richtig „on Tour“ und hatte eine wunderbare erste Etappe. Erst nach 90 km machte ich eine Pause mit Pommes und dann Eis als Nachtisch. Auf der letzten Halbinsel, Walcheren, fuhr ich komplett am Strand-Radweg entlang. Dies ist auch schon länger mein Laufrevier, weil wir im Winter hier öfter in Zoutelande sind. Dort musste ich dann auch noch mal einen Gedenkstopp einlegen und ein zweites Eis essen. Wenn man die Gegend nur außerhalb der Saison kennt, kann man sich gar nicht vorstellen, wie voll es an so einem sonnigen Sommertag sein kann und dass die vielen Stufen an den Dünen auch besetzt sein können. Ich bin bei Wind und Wetter im November hier über die vielen Treppen in den Dünen einen Wettlauf gerannt. Das wäre bei Wärme im Sommer für mich gar nicht möglich gewesen. Zwei Kugeln mit Sahne mussten genügen für die letzten zehn Kilometer. In Vlissingen fand ich eine witzige Tankstelle, die auch Gästezimmer hat. Für 27 € bekam ich ein gutes Bett und fiel da dann einfach hinein.

Knokke - Belgien

Ausrüstung

Auf der anderen Seite der Schelde waren es noch ein paar Kilometer, bis ich Flandern / Belgien erreichte. Ich musste um ein kleines Sumpfgebiet herum und war nicht ganz sicher, ob das schon Belgien sei. Aber als die Radwege schmal und die Nummernschilder rot wurden, da war es klar. Ab Knokke über Oostende bis De Panne fährt eine Straßenbahn die kurze belgische Küste entlang. Die großen Urlaubsorte sehen aus, wie dem kommunistischen Plattenbau entlehnt. Da gibt es dann kilometerlange Betonriegel mit Geschäften, Cafés, Restaurants und allerlei Vergnügungen, davor der Strand und davor das Meer. Es war fast unwirklich im Vergleich zur niederländischen Küste, wo es nur in Scheveningen auch so ähnlich aussieht. Alle wollten am Meer sein und alle waren da. Hier gab es viel Betrieb und ich hatte Schwierigkeiten, den Menschen aus dem Weg zu fahren. Aber ich genoss den Trubel auch etwas, denn womöglich würden noch einsamere Tage kommen. Einmal belgische Waffeln mit Erdbeeren, Eis und Sahne, dann war ich bereit zur Weiterfahrt. Das Gute an so einem Abenteuer ist, dass man sich viel bewegt, vorankommt, Kalorien verbraucht und dann große Mengen essen kann. Denn Radfahren ist auch mit vollem Magen möglich, das ginge beim Laufen so nicht.

Küstenstrasse bei Escalles

Mit der Grenze nach Frankreich endete der Radweg und es gab auf der Landstraße nur ein Schild „Duinkerke“ mit einem kleinen Fahrradsymbol drauf, als schämte man sich etwas. Die Autos fuhren ohne Abstand vorbei, auch wenn kein Gegenverkehr war. Sie bogen ab, ohne nach rechts zu schauen und bliesen ordentlich Ruß in die Luft. Nein, Frankreich ist kein Fahrradland. Die Erfinder der Tour de France fahren im Alltag kein Fahrrad. Manche winkten mir auf den ersten Kilometern beifällig zu, als sei ich Bernard Hinault. Das würde noch lustig werden in diesem Land, wenn mir der Rest der Bevölkerung die Hacken abfuhr. Denn wer selbst nie Rad fährt, weiß nicht, wie es ist, von einem vorbei brausenden Auto beinahe gestreift zu werden, anstatt dass es einen mit viel Abstand überholt. Letzteres ist seit kurzem sogar Vorschrift im Autoland Deutschland!

Hotel Meurice in Calais

Frankreich - Nordküste

Dünkirchen - Dunkerque wurde, wie so manche „strategisch wichtige“ Stadt, in den Kriegen gleich mehrfach zerstört, entweder durch die Deutschen oder durch die Alliierten, um Deutschland zu besiegen. Aus heutiger Sicht ist es beinahe egal, weil es einfach nur schrecklich ist. Man versuchte sein Bestes beim Wiederaufbau. In der Stadt gab es wohl einen Triathlon und ich konnte den Athlet:innen beim „Mittelteil“, dem Radrennen, zuschauen. Es hatte den Nachteil, dass ich ohne Ortskenntnis nirgends in und durch die Stadt kam, denn die Rennstrecke erstreckte sich über alles. Mir erschein diese Situation ungünstig und womöglich würde wegen der Teilnehmer und Besucher auch kein Hotelbett mehr frei sein. So erkundigte ich mich bei einem Mann mit Motorroller nach einem Umweg hinaus aus der Stadt in Richtung Calais. Er warnte mich vor, es sei noch über 60 km weit und ob ich diesen Weg nun noch am Frühabend in Angriff nehmen wolle. Ihm sei das zwar mit dem Roller schon zu weit, aber er geleitete mich über Hafen- und Industriegelände Richtung Ortsausgang.

Mir kam nun mein Französisch zugute, das ich nicht perfekt, aber zur Konversation einigermaßen sprechen kann. Nach meinem Eindruck der letzten Reisen war man im Norden Frankreichs nicht so prätentiös wie im Süden und hörte über zahlreiche Fehler hinweg. Rechts sah ich nun gewaltige Stahl- und Hüttenwerke, die eben zu dieser verhängnisvollen strategischen Bedeutung gehörten. Die Asphaltstraßen waren durch die Sonneneinstrahlung und die vielen schweren LKW aufgeweicht und zur Spurrinnen geworden. Aber es gab kaum LKW, denn wir hatten Sonntag. Welch ein Glück, denn an einem Montag hier lang zu fahren, wo es nicht mal einen kleinen Seitenstreifen gab, umtost von Autos mit ihren heißen Abgasen, das konnte ich mir schrecklich vorstellen. So brauchte ich nur eins: Geschwindigkeit auf dem Weg nach Calais!

So ganz konnte ich es immer noch nicht fassen, dass ich am zweiten Abend nun schon 300 km in den Knochen hatte. Das war viel, aber lieber lag ich ein bisschen vor meinem Zeitplan als hinten dran. Die Straße war recht eintönig, aber in mir wallte der Frohsinn eines Abenteurers auf, der hinaus fuhr in die Freiheit, hinaus ins Neue, Fremde! Ich fand ein relativ nobles Hotel, das sehr leer war.

Bootshafen Dieppe

Einladend
- pittoreskes Étretat

Cathédrale Notre-Dame in Le Havre

Abkühlung tut Not

Die Straße wurde neu gepflastert und es war noch nicht richtig Saison. Schon der Portier empfing mich wie einen hohen Gast, Monsieur links, Monsieur rechts, s'il vous plaît. Frühstück brachte Mademoiselle wegen Corona aufs Zimmer. Cool, ich war in Frankreich und damit unterwegs im Land meiner Kindheitsträume. Dazu muss man wissen: Als Ossi hatte man ab Klasse 5 bis hinein ins Studium das Pflichtfach Russisch. Es war deshalb bei den meisten verhasst, weil eben immer auch politische Inhalte transportiert wurden und wie toll der Kommunismus doch sei und dass wir nur von Lenin zu lernen bräuchten. Wie anders war da Französisch! Ich hätte zwar lieber Englisch gehabt, wie alle anderen auch, aber eine neue Französischlehrerin fing bei uns an und da rekrutierte sie Schüler, die ihr schneidiges Temperament überlebten. Sie hatte offenbar Diktatur, nicht Pädagogik studiert und als sie dann gleich zu Beginn noch die Frage „Qu'est-ce que ç'est?“ an die Tafel schrieb, wollten wir alle nur weg. Ab diesem ersten Tag aber wurde Französisch für mich nur noch leichter. Ich liebte es, weil ich da nicht viele Vokabeln (oder unregelmäßige Verben) lernen musste, sondern mansches auch aus dem Gefühl heraus sprechen konnte. In Französisch hört man viele Fehler nicht, weil nur die Hälfte der Endungen gesprochen werden. Entsprechend katastrophal fällt aber die Rechtschreibung bei den Franzosen selbst aus. Die Übersetzung der Frage heißt übrigens „Was ist das?“. Mit der Sprache gelangten aber auch die Namen, die Landschaften, die Städte, die Chansons in mein Leben und ich bekam eine Ahnung davon, wie anders und schön es in diesem für uns unerreichbaren Land sein musste. Als ich dann schon 40 Jahre vor Erreichen des Rentenalters (denn das waren die Aussichten vor dem Mauerfall) nach Frankreich kam und den Eiffelturm sah, musste ich ein bisschen heulen. Es ist nur ein Stück Metall, aber eben doch ein sehr bekanntes und eines der Wahrzeichen der westlichen Welt wie der London Tower oder die Golden Gate.

Tag 3 war Tag 3 mit praller Sonne. So merkte ich, dass mit der immer lieblicher scheinenden Landschaft auch das Klima wärmer wurde. Ich musste mir etwas einfallen lassen, um mich nicht zu verbrennen. Es wurde zwar dann noch heißer, aber ich zog meine eigentlich für die Abende vorgesehenen Klamotten schon während der Fahrt über. So tränkte sich alles durch mit Schweiß und Salz und für die Abende hatte ich nichts anderes mehr. Mehrere lange Hosen sind bei acht Kilo Gepäck nicht möglich. Auch das Gesicht und vor allem die Lippen litten und ich sollte mich lieber um Sonnencreme kümmern statt um essbare Fische.

Nicht alle Orte waren gleich schön, aber alle hatten etwas Besonderes. So auch der Fischmarkt „Marché aux Poissons“ in Boulogne-sur-Mer. Ich wollte dort eigentlich etwas essen, aber die vielen Augen der glitschigen Meerestiere schreckten mich doch ab. Bratkartoffeln mit Ei hatten sie hier nicht. Es kamen die ersten Höhenmeter dazu und ich war froh, in der Bucht Baie de la Somme einen Ort mit einem Hotel ganz nach meinem Geschmack gefunden zu haben: das „Hôtel Aux Trois Jean“ in Le Crotoy. Es lag direkt am leider verebbten Meer, sehr zur Freude unzähliger Wasservögel. Auf einer Terrasse bekam ich ein Festmahl und konnte so langsam wieder in einen der schönsten Aspekte des sportlich angehauchten Abenteurerlebens wechseln: Viel Bewegung und viel Essen!

In jeden der vielen Küstenorte konnte ich nicht einkehren, denn ich sah vor allem nur Städte von Nahem, durch die ich ohnehin direkt hindurch fuhr. Dieppe war so eine. Eine Stadt wie ein Museum, aber lebendig, quirlig. So viele alte Häuser, soviel genussvoller Lebensstil als Alltag. Dazwischen an der Landstraße viele wogende Felder mit rotem Mohn oder blauen Disteln. Ich hatte den Eindruck, die Farben durch einen Filter zu sehen, der alles noch intensiver machte. Das Departement Seine Maritime erschien mir très charmant. Fecamp war mein nächstes Ziel. Die Stadt liegt zwischen zwei Hochplateaus aus Alabaster, in die man das Tal womöglich hinein gesprengt haben könnte, denn dem Flüsschen Valmont traue ich eine derartige Erosion kaum zu. In mehreren Hafenbecken liegen Handelsschiffe, Fischereiboote und natürlich Yachten. Das „Hotel Normandy“ war so ganz nach meinem Geschmack: etwas älter, mit knarrenden Dielen, nur zwei Sternen und einem eigenen, kleinen Restaurant. Ich musste allerdings ein ganzes Menu essen, um satt zu werden und gestärkt für das Fußballspiel der Männer Frankreich-Deutschland in einer Bar an der Strandpromenade zu sein.

Unter der gleißenden Sonne hatte ich mir eine Kurzetappe bis nach Le Havre verordnet. Ich brauchte mehr Schatten und mehr Gelassenheit denn Hast und schnelle Fahrt. Durch die Einschnitte in die Landschaft aus Gips und Kalk, die jeder Fluss in Richtung Atlantik machte, kam ich immer wieder in schnelle Schussfahrten, gefolgt von steilen Anstiegen, die ich nur in einer bestimmte Trittfrequenz bewältigen konnte. Wie dankbar war ich, nach zwanzig Kilometern schon runterzurollen nach Étretat. Es ist ein berühmter Badeort wie er im Buche steht und dazu gibt es noch spektakuläre Kreidefelsen.

Schmaler Radstreifen auf dem
Pont de Normandie

Da war es kein Wunder, wenn man während der Fahrt dauernd „La mer“ von Charles Trenet vor sich hin summte. Ich konnte mir bei diesem Lied keine passendere Szenerie vorstellen. An diesem Kieselstrand zog ich meine Klamotten aus und badete im Atlantik. Die Abkühlung bei nur 17 Grad Wassertemperatur tat mir gut und die Körperkerntemperatur ging runter. An der Strandpromenade hatte ich die Gelegenheit, mich vor der grandiosen Kulisse fotografieren zu lassen. E wurde es mir verboten, dieses Foto in meiner indiskutablen Hose je zu veröffentlichen. im Blog tat ich es dann doch. Immerhin hatte sie mich vor schlimmen Sonnenbränden bewahrt.

Le Havre war das ganze Gegenteil der pittoresken Städte vorher und auch später. Die Alliierten sahen damals keine andere Möglichkeit, als den Ort komplett auszubomben. Nur die Cathédrale Notre Dames blieb erhalten. So wurde Le Havre am Reißbrett neu geplant und wieder aufgebaut. Fast jede Wohnung hat einen kleinen Balkon, die weit überkragenden Dächer sorgen für Sonnenschutz. In so einem Haus bekam ich auch mein Zimmer und konnte diesmal schon am frühen Nachmittag spazieren gehen.

„Le Pont de Normandie“ über die Seine ist eine der größten Brücken in Europa und hat sogar einen schmalen Radstreifen. Aber man musste erstmal viele Stufen hoch, denn eine Auffahrt für Räder wurde nicht bedacht. Mir kam eine Gruppe Schüler zu Fuß entgegen, was ich einigermaßen witzig fand. Weniger witzig waren natürlich die vielen herumliegenden Teile, die von den Fahrzeugen verloren wurden. Aber es blieb bei mir alles heil auf den 2,1 km über den Fluss. Danach begann das vielsagende Departement de Calvados, das sich in all dem Grün und in Form des Städtchens Honfleur darbot. Es geht ja immer nochmal pittoresker!

Über das Ziel dieser Etappe hatte ich mir vorher Gedanken gemacht: Es sollte möglichst kein mondäner Badeort wie Deauville sein, der eigentlich nur aus Beton besteht und unangemessen teuer wäre. Da mögen Frau/Herr Bundeskanzler:in und Monsieur le Président absteigen und da sah ich meine Bedenken beim Durchfahren auch bestätigt. Und es sollte auch kein Ort an den Landungsstränden, wie Juno Beach oder Omaha Beach sein, die garantiert starker Nachfrage unterliegen. Aber aus dem Dunstkreis des D-Day-Tourismus war kein Entkommen, auch nicht in Arromanches des Bains.

Honfleur mit unwiderstehlichem Charme

Dead Man's Corner Museum in Carentan les Marais

Für mich so typisch Normandie
- Barfleur en Mer

Boulangerie Marie
in Quettehou

Im Contentin bei Cherbourg

An der Sienne:
Zerschossene Brücke mit Mahnmahl

Hohle Gasse
auf dem Weg
nach Cherbourg

Ich finde ja das nimmer verblassende Gedenken an die Heldentaten an der Westfront sehr gut. Sie kamen damals spät, aber sie kamen und opferten sich und trugen ihren Teil zum Ende Nazideutschlands bei. Aber teilweise hat das Entertainment rundherum heutzutage mehr mit Umsatz als mit Gedenken zu tun. Immer wieder sah ich Werbeschilder in der Art „3D-Museum mit neuer Pizzeria“ oder „World War Two – better than real!“. Die Jugendgruppe, die ich beobachtete, war jedenfalls hellwach beim Anblick der echten Panzer und Jeeps.

Das Contentin, die Halbinsel im Norden, war für mich die „echte“ Normandie. Von Isigny sur mer fuhr ich nach Norden bis Barfleur en mer. Die vielen verwitterten Häuser aus Granit und die Abwesenheit jeglichen Schnickschnacks fühlten sich faszinierend an. Was für Stürme mussten hier im Winter toben, welche Naturgewalt traf hier auf Land und Leute, die mit kleinen Fischerbooten ihren Fang reinholten. Als ich dort ankam, regnete es nur leise aus einem tiefgrauen Himmel. Es gab wenige Restaurants und beinahe kein Zimmer für mich, All das passte zu dem, was ich mir unter dem rauen Charme der Normandie vorgestellt hatte.

Auf der Suche nach dem Soldatenfriedhof mit den Deutschen wurde ich vor Ort nicht fündig, keiner wusste davon und keiner wollte etwas wissen. Der liegt auch nicht in Cherbourg, weiß ich nun, sondern im Inneren des Contentin, in Orglandes. Ein Ort stillen Gedenkens, wo die begraben sind, die sich im Kampf den Befreiern entgegengeworfen hatten. Das aber lag für mich zu weit ab von meiner Route, da werden wir noch einmal hinfahren.

Ich fuhr relativ dicht an der Küste entlang und weil mir da ein Stück Landstraße fehlte, googelte ich kurzerhand. Das war ein Fehler und ich wollte es auch nie wieder machen, mich abseits der Straße auf die Firma in Mountain View / California zu verlassen. In jedem meiner Abenteuer erlebte ich mindestens eine richtige Verirrung, diesmal geschah es hier, in den sandigen Dünen zwischen Val Fabien und Clairefontaine im Nordwesten des Contentin. Man lernt ja nicht dazu! Es blieb mir nur übrig, mein Rad vier Kilometer durch den tiefen, heißen Sand zu schleifen, um endlich wieder festen Grund unter die Reifen zu kriegen. Danach brauchte ich erstmal Kuchen und Eis im Hafen von Diélette.

Ein Eis im Hafen von Diélette

Küste bei Granville

Nach 83 km wollte ich mir in Barneville Carteret am liebsten erschöpft eine Unterkunft suchen, sah aber nicht sofort etwas und fuhr durch bis Portbail. Das klingt nicht nur zufällig englisch, denn hier ist das Vereinigte Königreich ganz nah. Vor der Küste liegen die britischen Kanalinseln Jersey und Guernsey. Bei meinen ursprünglichen Planungen hatte ich sogar einen Pausentag in Erwägung gezogen, um mal auf so einer Insel zu sein. Aber ich hatte nicht genügend Zeit und alle Franzosen, die ich danach fragte, redeten es mir aus. Es sei sehr teuer, nichts Besonderes, da sei man auf dem Festland besser dran und überhaupt: „Sie sind nicht mehr Europa, sie zählen nicht mehr zu uns." Das klang schon sehr verbittert, als wenn alte Freunde einen verlassen hätten. So war es vielleicht auch. In meinem Ferienzimmer jedenfalls hatte ich britischen TV-Empfang und guckte die halbe Nacht Fußballspiele bei der BBC.

Die Bretagne, in die ich wollte, hat ja ihren Namen von der Britischen Insel. Da war es mehrfach verwirrend für die Franzosen gewesen, als ich beim Anblick der englischen Küste frage, ob das die „Grande Bretagne" sei, also Großbritannien. Sie sagten dann immer, das sei nicht die Bretagne, das sein England. Ja, schon klar, und wenn ich damit weiterkommen wollte, hatte ich mich umzustellen auf „côte anglaise", dann ging das. Ich war übrigens ziemlich beeindruckt, als ich in den nördlichen Departements tatsächlich die britische Küste sah. Sie war gut zu erkennen und erinnerte mich an den Anblick der Krim von der Fähre aus, mit der ich im Abenteuer Transkaukasien von Georgien bis nach Odessa gefahren war.

Plötzlich wurde ich aus meinem Trott gerissen, als ich ein großes Plakat sah: „La Tour de France - grand depart Bretagne". Ich war noch gar nicht in der Bretagne, aber kurz davor und fühlte mich von schon gebührend begrüßt. Bei der Gelegenheit las ich auch, dass ich exakt am Starttag der Tour in Brest sein würde. Welch ein Zufall!

Schon 40 km vorher sah ich zum ersten Mal überhaupt Le Mont-Saint-Michel, diese riesige Kirche, die 160 m über dem Meer aufragt. Sie war wirklich beeindruckend, obwohl man diese kleine Spitze auf den meinen Fotos kaum entdeckte. Die Fahrt dorthin ging im Halbkreis eine kleine Ewigkeit, denn die Flüsse La Sée und Sélune fächern ein größeres Feuchtgebiet in dieser Bucht auf. Immer mal wieder sah ich den „Mont", kam dabei aber nur unmerklich näher.

Le Mont Saint Michel

Zuletzt verdeckten Bäume die Sicht. Als ich dann aber am Brückenkopf einen Kilometer davor stand, beeindruckte mich dieser Berg mit seinen Klosterbauwerken nochmals. Es gab dank der Vorsaison ein Zimmer im Hotel, das vor Parkplätzen und Shops fast direkt am Ufer lag. So konnte ich nach dem Duschen und Umziehen sofort loslaufen. Der Steg zum Klosterberg wurde vor einigen Jahren neu konstruiert, denn frühere Dämme hatten für eine allmähliche Versandung der Bucht gesorgt. Nun hofft man, dass sie in den nächsten Jahrzehnten wieder nach und nach durch die Gezeiten und Flusswasser freigespült wird. Heutzutage steht der Berg samt Kirche nur noch bei sehr starker Flut vollständig im Wasser. Und gerade das macht ja den Reiz, das einzigartige Postkartenmotiv des Mont-Saint-Michel aus. Schon vor 1300 Jahren wurden erste Granitmauern mit hölzernen Kirchenbauten im Inneren auf dem Felsen errichtet. Von den vielen Innenhöfen oder gar Innenräumen der Kirchen, der eigentlichen Benediktiner-Abtei mit Gebäuden und Kapellen sah ich nichts, dafür war es schon zu spät. Es waren an diesem Abend nur wenige Menschen dort unterwegs und auch die Hotels und Restaurants in der kleinen Straße direkt auf dieser Klosterinsel waren nur teilweise besucht. Aber so war der Rundgang auf den Stufen, Treppen und Gängen ein Erlebnis. Im seitlichen Abendlicht hatte dieses größte zusammenhängende Bauwerk des Mittelalters seine eigene Magie. Ich fürchtete nur, dass sie irgendwann abschlössen und ich nicht mehr in mein warmes Zimmer käme. Eine Klingel oder ein Telefon haben die Mönche vielleicht, aber wie ist die Nummer?

Nach diesem touristischen Highlight kam ich wieder ins grüne Land mit hohen Wiesen und schmalen Sträßchen für die Landwirte. Bis ich am Meer zurück war und sogar direkt am Ufer entlang fahren konnte, dauerte es einige Kilometer. Dafür sah ich herrliche Felder mit rotem Klatschmohn, Windmühlen und Landhäusern, die von weitläufigen Parkanlagen umgeben waren. Willkommen in der Bretagne! Die erste Galette, eine Art Crèpe aus Roggenmehl, der pikant belegt und zum Viereck zusammen geschlagen wird, bekam ich in Cancale. Das würde nun eines meiner Grundnahrungsmittel sein. Nicht schlecht!

Wie es mir passieren konnte, das von vielen so gepriesene Saint Malo mehr oder weniger zu ignorieren, weiß ich im Nachhinein nicht. Die Stadt stellt etwas ganz Besonderes dar und ist eine der meist besuchten in ganz Frankreich.

Bei Le Vivier sur Mer

Bretonische Galette

Laut ihrem Wahlspruch sehen sich die Städter nicht als Franzosen, nicht als Bretonen, sondern eben als „Malouin“. Wahrscheinlich wurde ich da nicht warm, weil der Strand, eingefasst von einer dicken Mauer, fast ohne Wasser war - Ebbe. Denn hier herrscht ein extremer Tidenhub von etwa 6 m. Und irgendwie wirkten die Häuser und die Straße am Ufer entlang trostlos auf mich. Etwas weiter am Yachthafen war derart viel Autoverkehr, dass ich meine Mühe hatte,

Moulin de Buglais

Saint Malo

Hoch über dem Fluss
Le Gouët bei Saint Brieuc

Boote in Erquy

nicht darin umzukommen. Irgendwie war ich froh, wieder raus zu sein und über die La Rance weiter auf die nächste Landzunge zu kommen. Die Brücke war ein Elektrizitätswerk und wäre für sich genommen vielleicht sogar interessant gewesen. Denn ich selbst habe Elektrotechnik studiert, ohne allerdings je ernsthaft in diesem Beruf gearbeitet zu haben - nur acht Tage lang. Die Technikbegeisterung brachte mich auf dieses Studium in einem Bildungssystem, das in den meisten anderen Berufen mit stärkster "politischer Ausbildung" einher ging. Naturgesetze gelten überall gleich, das fand ich gut.

Nun gestaltete sich die Bretagne so, wie ich sie erwartet hatte: Landzunge um Landzunge wurde abgeteilt durch tief einschneidende Flussmündungen oder Meeresbuchten - je nach Sichtweise. Auch im Norden Spaniens, in Galicien, Asturien und Kantabrien ist es so, dort aber mit höheren, schrofferen Felsenklippen. Beim Navigieren hatte ich mir immer so eine Landzunge als nächstes Zwischenziel vorgenommen und versucht, möglichst auch in Küstennähe zu fahren. So sparte ich mir die Anhöhen dazwischen und hatte mehr vom Meer. Die eine oder andere Ecke schnitt ich aber auch ab, denn nicht immer gab es eine schöne Uferstraße. Radwege gab es ohnehin nicht. Dann musste ich hoch auf die Kuppe, die sich meist mit einem Wasserturm ankündigte. Wenn ich den sah, war es nicht mehr weit bis zum Sattelpunkt. Dann ging es wieder runter bis zur Brücke des nächsten Tales, das durch ein Flüsschen begründet wurde. So langsam kamen ein paar Höhenmeter zusammen, auch wenn es immer nur 50 m hoch und wieder runter ging.

Die Orte sah man weit im Voraus, denn es gab fast immer eine gotische Kirche mit einem hohen, spitzen Turm aus Granit. Die Kirchen wirkten zwar groß, aber auch irgendwie abweisend. Das könnte durch das Baumaterial begründet sein, denn Granit ist fest aber spröde und deshalb auch nicht einfach filigran zu bearbeiten. So blieb es wohl oft bei der gröberen Form, die schwer genug herzustellen war. Flechten, Algen und Moose haften gut auf dem Stein und geben die nötige Patina. So tingelte ich entlang der Côte d'Émeraude (Smaragdküste) und sah tatsächlich an meinem Tagesziel das smaragdgrün-türkisfarbene Meer in Erquy. Das Hotel mit Restaurant war perfekt für mich und ich ließ mich richtig verwöhnen. Die Stimmung war gelassen, die Leute parlierten, genossen das Essen und draußen tröpfelte es auf die Boote, die in der Abenddämmerung vor sich hin schaukelten.

Abteil Beauport in Pampiol

Far breton

An der Côte de Granit Rose in Trégastel

Im Tal von Morlaix

Am Folgetag machte ich nur eine Kurzetappe. Es regnete wie aus Eimern und ich hatte Mühe, an einer Hauswand in Yffiniac ein Portrait von Bernard Hinault zu erkennen, dem Meisterfahrer und mehrmaligen Gewinner der Tour de France, der dort zuhause war. Ans Fotografieren war nicht zu denken, wenn ich mein Handy noch benutzen wollte. In Saint Brieuc hatte ich nach 30 km genug und suchte mir das erste, aber nun wirklich nicht das beste Hotel, das „L'Arrivee“. Es wurde von einer vietnamesischen, armen Frau betrieben, die vier kleine Kinder zu hüten hatte. Ich machte wieder den Trick mit dem Fön, den ich im Dauerbetrieb auf meine Klamotte richtete, denn die Heizung funktionierte nicht. Mit den letzten trockenen Sachen lief ich durch die Stadt, die durch den Regen nicht den fröhlichsten Eindruck auf mich machte. Aber ich bemerkte durchaus, was für eine schöne Lage sie hat. In ihrer Mitte liegt nämlich das Tal des Flusses Gouët, der mit mehreren Viadukten für Autos und die Eisenbahn überspannt wird, inklusive Rampen für die Auf- und Abfahrt. Da ist für Fußgänger wenig Platz. Weit unten, Richtung Meer, sah man den Yachthafen. Bei der späteren Rückfahrt mit dem TGV nach Paris machte ich aus dem Zug ein Foto herunter von dem Viadukt, das ich jetzt erstmal von unten sah.

Am Bahnhof hatten sie sogar ein „Maison de Velo“ - ein Fahrradhaus. Da ließ ich Luft aufpumpen und die Kette ölen, bevor ich bei aufklarendem Wetter meine nächste Tagestour nach Lannion in Angriff nahm. Im Bahnhof hatte ich mich bei einem gemütlichen Beamten am Schalter nach einer Fahrkarte erkundigt. Ich war erstmal geschockt, dass es keine Möglichkeit geben sollte, mein Rad im TGV mitzunehmen. Ja, wie denn sonst? Verdrängen kann ich ganz gut. Ich schreckte auch vor dem Fahrpreis zurück und wollte mich später erst um die Rückfahrt kümmern. Ich hätte das Ticket dort ruhig kaufen sollen, weiß ich jetzt, aber dazu drei Tage später am Bahnhof in Brest mehr.

Die Landschaft wurde immer reizvoller entlang der Bucht von Saint-Brieuc und erst recht an der Côte de Granit Rose. Der rosa Granitküste war auch einer der Bretagne-Krimis gewidmet – „Bretonisches Leuchten“. Es war natürlich nicht seine angestammte Präfektur, sondern Georges Dupin hatte sich auf einen Urlaub dort eingelassen. Er fing dann aber sofort wieder an, zu kriminalisieren. Der Granit zerfällt, weil er so hart ist, nicht in kleine Steine oder gar Sand, sondern in schroffe, große Felsblöcke.

Ich werde diesen Anblick vermissen

Verlassenes Dorf im bretonischen Nirgendwo

Weil das flüssige Gestein damals nicht aus dem Erdinneren hochkam, um sich an der frischen Luft zu ergießen, sondern tief unter der Erde langsam erkalten konnte, bildete es die schönen Kristalle aus. So ist es also ein kristallines Gestein, das herrlich in der Sonne funkelt. Wenn das rötliche Abendlicht auf die rosa Granitfelsen fällt, braucht es kein Wunder, um magisch zu leuchten.

Der Reiz der Landschaft liegt auch in den immer größeren Anstiegen begründet. Es ging nun dauernd an die hundert Meter hinauf und wieder runter. Immer wieder sah ich Buchten mit Booten wie Nussschalen, die auf dem Wasser wippten. Mein Rhythmus lautete: Kaffee, Kuchen, weiter. Ich hatte mich an die bizarren Ortsnamen gewöhnt und an die Zweisprachigkeit. Genau wie die baskische und galizische erscheint mir auch die bretonische Sprache besonders sperrig zu lesen zu sein. Da kommen die keltischen Wurzeln zum Vorschein. In grauer Vorzeit landeten hier viele irische Mönche an und nahmen ebenfalls Einfluss. Deshalb gibt es auch die vielen Ortsnamen mit 'Saint' - heilig. So mischte sich alles zu interessanten, für mich unbekannten Ausprägungen von Speisen, Kultur und Sprache.

Ich war mittlerweile unterwegs auf der Route der Tour de France. Immer wieder sah ich Schilder „Route barrée - le Dimanche“ - Straße gesperrt am Sonntag. Nach dem Start, dem „Grand Départ“ in Brest, führte die Tour durch das Départment Finistère' und dann am zweiten Tag weiter durch das Departement Côtes-d’Armor, in dem ich nun gerade fuhr. Auf jeden Fall sollte ich, so hatte es mir ein Freund und Radsportkenner geraten, die Mûr-de-Bretagne - die bretonische Mauer vermeiden. Ich wusste nicht, wo die lag und hoffte, wenn ich mich an der Küste entlang drückte, würde ich sie schon nicht erwischen. Immer wieder kam ich in Orte, die schon gut vorbereitet waren auf das Fahrerfeld, den Tross und vor allem auf die Besucher. Es wurde dekoriert, Blumen in Kästen gepflanzt, Schaufenster gestaltet und alles herausgeputzt. Auf einer Brücke waren jede Menge Fahrräder befestigt und einmal sah ich viele Räder an Laternenmasten geschweißt. Das ist dann eher eine dauerhafte Dekoration - sehr originell. Vielleicht kam auch aus diesem Ort ein echter Ritter auf dem Stahlross. Die Franzosen sind stolz auf den Radsport und verrückt nach der Tour, aber warum nehmen sie dann im Alltag nicht öfter mal das Rad? Das eine scheint mit dem anderen nichts zu tun zu haben.

Regenfront bei Plouescat im Finistère

Am Folgetag, meiner Etappe 13, kam ich ins Finistère, dem nordwestlichen Zipfel Frankreichs, der sich ziemlich genau unter der Südspitze von England befindet. Die Landspitze, zu der ich vordringen wollte, ist der Ort, von dem es am kürzesten nach Amerika ist. Die Gegend hier wurde früher auch als „Armoric"', von keltisch „are mori“ für „vor dem Meer“ bezeichnet. Also heißt vielleicht Amerika eigentlich deshalb so. Man weiß es nicht. Das Finistère ist das ursprünglichste, für mich das „bretonischste“ unter den fünf Departements der Bretagne. Hier ist man natürlich immer dicht am Meer, weiter vorn auch von allen Seiten. Das Wetter ist rau, Pflanzen, Tiere und Menschen passen sich dem an. Und so sieht es hier entsprechend karg und deshalb unglaublich schön aus.

In Ploudalmézeau war ich schon westlicher als Brest und gedachte, zur Schlussetappe gemütlich im Halbkreis 60 km entlang der vordersten Küste zu fahren, um ins Ziel zu kommen. Es war kalt und auch wieder so eine Gegend, in der Google nur wenige Hotels anzeigte, die weit verstreut lagen. Ich wollte nicht weiter und verzog mich in den schützenden Eingang des „La Petite Valise“, einer Edelherberge, die klein, aber bestimmt nicht ausgebucht war. Die Chefin

La Vinotière in Le Conquet - meine Unterkunft

stand telefonierend im Eingang und rauchte. Als sie mich sah, schüttelte sie schon den Kopf. Nein, sie habe nichts mehr frei, es sei doch Tour de France. Ja, da hatte sie recht, daran hatte ich gar nicht gedacht. Ich hatte zwar vor ein paar Tagen mein Zimmer im „Hotel Vauban“ in Brest reserviert, aber nicht bedacht, dass es auf der Strecke dorthin knapp werden würde. Die Chefin war sehr nett und legte sich mächtig ins Zeug. Sie kannte alle und jeden und entfachte einen gewissen Ehrgeiz mit der Attitüde: „Bisher hab‘ ich noch immer mein Problem gelöst“. Aber es war nichts zu machen. Ich lud mein Handy an der einzig verfügbaren Steckdose auf, die sich zwischen der Skihütteneinrichtung fand. Nicht umsonst heißt die Herberge „Kleines Wallis“. Dann googelte ich in immer weiterem Umkreis und wollte mich nicht entblößen, in ihrem Beisein auf Französisch anzufragen. Doch es ging nicht anders und ich machte meine Sache recht gut. Denn ich moderierte das Gespräch an und als sich herausstellte, dass es was werden würde, gab ich einfach an meine Schutzpatronin weiter. Die Frau am anderen Ende sprach so schnell, dass ich nicht nachgekommen wäre. Die Wirtin hier verabredete alles und gab mir dann verständlicher die Instruktionen. Schlüssel dort und dort, Handtücher, Dusche, Warmwasser. Sie war froh, mich unter Dach und fach zu wissen - bonne route, bon courage!

Es war dämmrig, weil die Wolken tief hingen, es regnete und wurde immer windiger. Nach den herausfordernden 117 km heute waren nun nochmal 23 km fällig bis nach Le Conquet. Da hatte ich schon fast die erste Hälfte meines Halbkreises von morgen fertig. Bis vor zur Küstenlinie gab es nur Stichstraßen und so sauste ich leider nur auf direktem Wege zum allerletzten Bett im Finistère. Meine Unterkunft war originell, denn es war eine Vinothek im Mittelalterstil. Alles war restauriert und edel hergerichtet - sehr gemütlich. Auch der Ort ist ein Juwel. Die Bucht Ria du Conquet nahm alle Boote und Schiffe auf. Eine lange Fußgängerbrücke führte über dieses Wasser und die Ortsmitte war beinahe pittoresk zu nennen. Alles im Zentrum war aus dicken Granitbrocken gebaut. Weil es nach der Dusche schon ziemlich spät war, fand ich kaum etwas zu essen. Ein einziges Restaurant hatte sehr lange geöffnet, war aber proppevoll. Was man weiß: „Wo es voll ist, schmeckt es auch“. Immerhin durfte ich dann am Tresen sitzen und auf eine Pizza zum Mitnehmen warten. Ich nahm gleich zwei, denn ich hatte mal wieder mächtig Hunger. Zwei Flaschen Bier zum Restaurantpreis rundeten mein Menü ab. Auf dem Bett sitzend schaffte ich diese Mahlzeit gerade noch so, dann war wirklich Schluss.

Am Frühstückstisch befand ich mich in einer illustren Gesellschaft, dem Team des belgischen Rundfunks. Auf meiner kleinen Spazierrunde am Abend hatte ich schon eine ganze Armada von Motorrädern gesehen, die für die Tour vorbereitet waren. Da würden dann ab morgen die Kameraleute drauf sitzen und die gewohnt hochwertigen Bilder liefern. Meine Kumpels hier am Tisch waren aber nicht für diesen Knochenjob eingeteilt. Die machten nur Kommentare, Interviews und Zusammenfassungen. Sie waren lustig und eine Ewigkeit im Geschäft. Sie haben bei der Tour schon alles gesehen. Einen Novizen hatten sie dabei, den sie dauernd neckten und veräppelten.

Mein persönlicher letzter Ritt dieses Abenteuers #RotterdamBretagne war der reinste Tiefflug. In einer Stunde schaffte ich die letzten 24 km bis nach Brest. Es wurde wieder regnerisch und je dichter ich an die Stadt kam, desto mehr Autos waren unterwegs, denen man immer schlechter ausweichen konnte. Aus den Pfützen spritze das Wasser an mir hoch, aber das machte mir nichts. Ich war der Held der Landstraße und hatte eine grandiose Radtour hingelegt - gefühlt bis ans Ende der Welt. Das Hotel lag günstig und ich fragte als erstes nach der Unterkunft für mein Fahrrad.

Sie hatten einen Hintereingang für das Küchenpersonal, leider kam ich später nicht selbstständig heran. Daher wollte ich es mit aufs Zimmer nehmen, wie ich es unterwegs manchmal machen konnte, doch dafür hatte die schneidige Empfangsdame kein Verständnis. Ich verstand das, weil ich mir das langsam in den roten Velourstep-pich einsinkernde Dreckwasser vorstellte, das überall an mir herun-ter tropfte.

Nach dem Duschen und einer erneuten Föninstallation lief ich zum Bahnhof, um das Ticket und den Radtransport zu klären. Da gab es nichts zu klären. Wegen Streik war die Billeterie geschlossen, man möge sich am Automaten bedienen. Na super, Herr Lange. Wenn man bedenkt, dass ich noch gar keine Übung darin hatte, machte ich es dann ganz gut. Mit Hilfe eines netten Herren navigierten wir durch die Menüs und nun war ich bei plus 60 € gegenüber dem Angebot in Saint Brieuc. Nochmal super, Herr Lange. Und mein Rad? Ist nicht vorgesehen für den Transport. Ich solle es verpacken und dann werden sie es wohl schon mitnehmen. Ich hatte mich damit abzufinden. Gut, dass ich kein 30 kg E-Bike + Gepäcktaschen dabei hatte. Dafür gäbe es hier keine Lösung.

Kompakt und kompatibel

In mir reifte ein Plan, denn improvisieren kann ich gut: Ich würde mir Haushaltsfolie und Packband kaufen, dann alles so klein wie möglich aufeinander legen und regelrecht einspinnen. Leider durfte ich das nicht im Trocknen in der Küchengarage machen, aber es nieselte nur noch und ich legte die Gepäckstücke, die Laufräder, Helm und Radschuhe einfach auf die Straße. Dann presste ich alles zusammen und begann zu wickeln. Das war zunächst schwierig, denn erst wenn man ein paar Meter gewickelt hatte, wurde die Chose richtig fest. Der Kokon war gut gelungen, aber würde das genügen? Ich wartete, bis die Empfangsdame zum Rauchen gegangen war und schlich mich mit dem Rad in den Fahrstuhl und in mein Zimmer. Blöd wäre es, jetzt noch etwas aus dem Paket zu benötigen.

Nun konnte ich noch spazieren gehen und mir irgendwie einen würdigen Abschluss verschaffen. Die Stadt war einigermaßen in Aufruhr wegen des Tourstarts morgen. In den Straßen standen mehrere Radteams und zeigten bereitwillig ihre rollenden Werkstätten und Räder. Unglaublich, wieviel HighTech die dabei hatten. Auf dem Platz vor der „Mairie“ - dem Rathaus - hatten sie alles für den Start aufgebaut. Polizisten bewachten das Areal. Im Hotel kamen nach und nach Promotionteams an, die morgen möglichst viel Kommerz machen sollten. Die Vermarktung der Tour ist wenigstens so legendär wie deren sportliche Leistungen. Skurril waren Promoter, die mit stinkenden Plastikjacken Spenden für eine "Initiative für Umwelt" sammelten. Greenwashing at its best - pardon

"à son meilleur". Kurz überlegte ich noch einmal, mir den Start anzusehen und einen Zusatztag in Brest zu machen. Aber man riet mir davon ab. Zuviel Zirkus, der den eigentlichen Sport übertönt. Und nach ein paar Sekunden stürmten die Recken vom Hof, dann bliebe nur noch der Zirkus zurück.

Die „Ambassade Bretonne“ war ein letztes Stück Bretagne, in dem es Cidre aus Tassen, Galettes und die typischen Nachtische gab. Am letzten Tag konnte ich nochmal schlemmen und mich ein paar Tage später fragen, wie ich wieder raus käme aus der Spirale: Viele Kalorien verbrauchen - viele einfahren. Ganz früh morgens stand ich auf und schleppte meine 16 kg Gepäck zum nahe gelegenen Bahnhof. Es war schon hell, die Barrieren für die Tour waren aufgebaut, Wachleute hatten alles im Griff und ein Café am Bahnhof schenkte den frierenden Helfern Kaffee ein. Einer der Gäste deutete auf mein Rad und sagte: „Bien emballée“ - Gut verpackt. „Tja“, meinte ich, „wollen wir hoffen, dass das so genügt“.

Es gab nur zwei Züge auf drei Gleisen, aber die Bahngesellschaft SNCF blieb auch hier bei dem Prinzip, dass der Bahnsteig erst 10 Minuten vor Abfahrt bekannt gegeben wird. Auch die Wagennummer wird erst angezeigt, wenn Strom in dem Zug ist. Ich schaffte es, als erster mein Rad in den Verschlag zu legen, bevor alle Koffer oben drauf kamen. Der Schaffner übersah mich geflissentlich, was ich als gutes Zeichen deutete und wenn der Zug erstmal rollte, würde er mich nicht mehr rausschmeißen. Nach ein paar Stationen warf er dann doch mal einen Blick auf mein Konstrukt, ließ sich aber nichts anmerken. Später zuhause kaufte ich mir ein Bikesleeve, eine schmale große Tasche, in die ich seither mein Rennrad verstaue und dann ohne Zusatzkosten verreise. So auch zu Beginn von #Algarve-Bretagne.

In Morlaix und Saint-Brieuc sah ich hinunter von dem Viadukt, das ich vor ein paar Tagen von unten gesehen hatte. Nachdem wir in mehreren bretonischen Städten genug Passagiere eingesammelt hatten, brausten wir mit 300 km/h nach Paris. Irgendwo müssen ja die kurzen Fahrzeiten herkommen. Der Umzug von der „Gare de Montparnasse“ zur „Gare de l'Est“ war unproblematisch, aber mühsam. Unter dem Bahnhof Montparnasse gibt es ein Gänge- und Treppenlabyrinth, da würden ganze Kleinstädte hineinpassen.

TGV nach Paris

Unser vorbildlicher Schaffner

Montparnasse

Saint Germain

Gare de l'Est

Bretagne in Rotterdam

Ich hatte noch etwas Zeit und holte mir gegenüber des Ostbahnhofs eine Pizza und eine Cola. Wieder war ich leicht unter Spannung, denn wenn ich mich an die Thalys-Züge in Frankfurt erinnere, stand da vor jedem Waggon ein höchst wichtiger Schaffner, um die Reservierungen zu prüfen und nach dem Rechten zu sehen. Das hier war eben nicht das ferne Brest in der widerspenstigen Bretagne, das hier war das Gegenteil, die Hauptstadt der stolzen Nation - Paris!

Doch es geschah – nichts. Ich lief so unauffällig wie möglich durch sämtliche mit Bändern abgesperrten Bereiche – „Bon route, bon voyage, Monsieur. Bon journee, Monsieur, bon après-midi!“ So war es gut und meine Restzweifel verflüchtigten sich in der warmen Abluft des Triebkopfes. Witzig dabei: Der Zug fuhr über Köln. Da hätte ich beim Start gar nicht mit dem Auto nach Rotterdam gebraucht. So aber hatte ich noch einen schönen Abend mit einem guten Freund in Rotterdam, der sich brühwarm meine Geschichten von der Reise in voller Länge anhören musste. Und noch witziger: In der Nähe gab es ein bretonisches Bistro, das "Laurensius". Das passte ja nun wirklich gut. Eine allerletzte Galettes und einen Cidre, dann war ich bereit, nachhause zu kommen. „Zuhause is‘ auch schön“.

Abenteuer Atlantik - was bleibt?

Ich kam anders zurück, als ich gegangen, pardon, gefahren war. Außenstehende merken es oder merken es nicht. Über mich selbst kann ich sagen, dass ich mit jeder abenteuerlichen Reise ein Stück gelassener zurückkomme. Nicht, dass ich die ganze Welt gesehen habe, weiß Gott nicht. Aber schon einiges aus dem Kulturraum, in dem ich lebe - Europa. So langsam lohnt es sich eher, die Länder zu notieren, die ich noch nicht in Europa bereist habe.

Mit Gelassenheit meine ich eher die Erfahrung mit sich selbst, die Gelassenheit im Umgang mit anderen Menschen. Wenn ich bedenke, dass wir uns spätestens seit Erfindung der sogenannten sozialen Medien in einer Erregungsspirale befinden, in der kleinste Themen bei Bedarf aufgewärmt und aufgebauscht werden, bis auch der letzte sich berufen fühlt, dazu etwas zu sagen. Gar nicht zu reden von den drängenden, wirklichen, realen Problemen, die uns zurecht aufregen und beunruhigen. Wenn wir eigentlich kein Medium mehr einschalten können, ohne auf Krieg, Tod, Krankheiten, Klimakatastrophen und menschliches Leid zu blicken. Dann nützt es zwar nichts, wegzuschauen, aber es nützt auch keine Hysterie. Dann brauchen wir Gelassenheit und einen klaren Kopf. Dann können wir überlegen, was man gegen dieses Unheil tun kann. Und das ist es, was ich nachhause bringe, einen klareren Kopf.

Dazu müssen es nicht 4 Monate im Abenteuer Baltikum sein, die ich genossen habe. Es genügt, wie bei diesem Abenteuer Atlantik, einmal zwei Wochen und einmal drei Wochen weg gewesen zu sein, um in diesen Zustand zu kommen. Das wäre dann ein ganz normaler Urlaub und mit etwas Übung lässt sich auch der sportliche Teil bewältigen. Man kann auch die Strecke verkürzen und langsamer fahren. Ich muss zugeben, dass in meinem Alter mit 59 Jahren die Physis beim zweiten Teil Algarve-Bretagne an ihre Grenzen kam. Es ging nicht so sehr um die Fitness. Ich hatte bei beiden Teilen keinen Pausentag gemacht. Mit hin und wieder einem Pausentag hätte ich weiter fahren können. Aber die Anatomie streikt irgendwann, wenn man nicht die Möglichkeit zur Regeneration wie zuhause hat. Eine traditionelle Thaimassage wirkt Wunder, eine Sauna ist nicht umsonst beliebt. Und natürlich trägt auch der lange Schlaf im eigenen Bett dazu bei, sich wieder zu erholen. So bin ich zwar etwas stolz auf die schieren 2.800 km in 25 Tourtagen, aber der Stolz bleibt wirklich im Hintergrund. Diese Entfernung von insgesamt 4.000 km bedeutet eigentlich etwas anderes: Es bedeutet, die Küstenlinie in ihrer Gänze mit eigenen Augen genau gesehen zu haben. Solche Bildschirme gibt es nicht, die mir das vermitteln können. Und wenn man so etwas machen möchte, kann man das auch in viel kleinere Stücke teilen. Auch dann hätte man das Ergebnis der Gelassenheit und der Selbstsicherheit, nicht ganz falsch zu liegen.

Denn die Gelassenheit allein bringt es nicht. Immerhin kann auch ein dummer Tölpel gelassen sein und sich so in Sicherheit wiegen, dabei aber in Gefahr begeben. Gelassenheit und Selbstsicherheit sind hier Brüder, die ohne einander keinen Sinn ergeben. Selbstsicherheit kommt aus dem Wissen, sich etwas überlegen zu können, was wahrscheinlich funktioniert. Und Selbstsicherheit kommt aus den Erfahrungen von gelungenen Taten. Je öfter etwas geklappt hat, je öfter man eine Situation gemeistert hat, desto sicherer ist man. Kleine und größere Probleme im Alltag und Berufsleben lassen sich mit diesen Brüdern lösen, wenn man ruhig steht und nachdenken kann.

OK, das ist ja ganz schön alles, aber was bleibt praktisch, greifbar?

Mit diesen beiden Touren in Richtung Bretagne habe ich mir einen Traum erfüllt. Nicht, dass man jeden Traum erfüllt bekommen soll. Aber wenn sich einer erfüllt, dann ist das einfach nur grandios. Das Ziel war Frankreich, das Ziel war eine äußere Ecke Europas, das Ziel war einmal mehr eine Gegend, von der ich schon viel gehört, aber wenig gesehen hatte. Wenn ich mich in einem ruhigen Moment zurücklehne, habe ich nicht das Sehnsuchtsgefühl wie früher, ganz viel erleben zu wollen, alles Mögliche machen zu wollen. Ja, ich will weiterhin viel erleben, aber es ist nicht so, wie der Wunsch nach etwas Unerfüllbarem. Es ist keine ungestillte Sehnsucht. Einiges davon durfte ich erleben, einiges werde ich erleben und es ist nicht schlimm, nicht „alles" zu erleben. Denn das gibt es gar nicht, das wissen wir. So ist die Erfüllung eines Traums etwas sehr Wichtiges, um zufrieden zu sein, um gestillt zu sein.

Mal abgesehen von diesen Gedanken, bringt man ja auch immer etwas mit von seinen Reisen. Seien es Sprichwörter, Speisen, Geschmäcker, die man nicht vergessen kann, irgendwas. Aus dem Baltikum habe ich neben vielem anderen das Lied „Eesti Mulda esti Süda“ mitgebracht. Ich werde es nie wieder vergessen. Es ist eine Art heimliche Nationalhymne Estlands und ich könnte es sofort singen, wenn ich singen könnte. Es ist für mich der Inbegriff von allem, was ich dort sah und erlebt habe. Dabei sind die baltischen Länder plus Polen und Kaliningrad untereinander sehr verschieden – klein, aber besonders. Alles das steckt in diesem einen Lied. Aus Transkaukasien war es der georgische Schafskäse, den ich vielfach aß und den Schakro mit mir teilte, als wir auf der Fähre über das Schwarze Meer nach Odessa fuhren. Er wohnt in Dnipro und ist hoffentlich unversehrt. Wenn ich an ihn denke, rollen mir wegen des Krieges die Tränen. Wenn ich an ihn denke, sehe ich aber auch einen älteren, heiteren Menschen, der sein Schicksal tapfer trägt. Und deshalb sind es Schakro und sein Schafskäse, sein Gesicht und der Geschmack, die ich nie wieder vergessen werde.

Diesmal ist es ein verwitterter Dominostein, den ich auf dem Radweg im Sand fand. Er steht für die beeindruckenden Portugiesen, die vor allem auf dem Land übrigens eine beneidenswerte Gelassenheit haben. Ich habe im Sport vertiefte Dominospieler gesehen in einem Café in Brunheiras in the middle of nowhere. Die haben mir echt imponiert. Mir bleibt der Anblick der Felsen, die sich in den Atlantik vor Nordspanien stürzen, die überraschten Augen des Wirtes, dass ich nicht nur ein Stück, sondern eine ganz Tortilla essen werde. Mir bleiben Freunde, die ich unterwegs traf und zu denen ich bis heute Kontakt habe und natürlich die Café-Kultur an der gesamten Westküste. Es bleiben die Genüsse der Bretagne, die ich in diesem Buch so oft erwähnt habe und auch die fantastischen Radwege der Niederlande, um einigermaßen vollständig zu sein.

Und dann ist da noch die Sache mit dem Orangenbaum. Gleich zu Beginn von Algarve-Bretagne sah ich doch Orangenplantagen und war fasziniert, dass die Orangenbäume wie bei uns die Apfelbäume am Straßenrand stehen. Ich hatte eine Orange vom Boden aufgelesen und ausgesaugt. Auch diesen Geschmack kann ich nicht vergessen. Er hat so gar nichts zu tun mit dem Geschmack der Apfelsinen bei uns. Es ist vielleicht nur eine Idee, die aus der Hitze des Sommers entspringt, aber eines Tages werde ich es tun: Ich werde mir wohl in Portugal eine Orangenpflanze bestellen und in der heißesten Ecke unseres Gartens einen tonnenschweren Kübel einsetzen, in dem die Orange aufwachsen soll. Der Kübel soll transporta-

bel sein und im Winter im Wintergarten stehen. So haben es früher auch schon Fürsten gemacht und nannten den Wintergarten deshalb Orangerie. Ich bin kein Fürst und wahrscheinlich wäre es sinnvoller, meine jährliche Kiste Orangen in Portugal zu abonnieren. Aber eigentlich möchte ich diesen neu geborenen Traum wahr machen. Schau‘n mer mal.

Packliste Abenteuer Atlantik (insgesamt gut 8 kg Gepäck)

<u>Lenkertaschen (Wertsachen):</u>

Geld, Ausweise, Brille

Taschenmesser, Stirnlampe, Radrücklicht

Ladekabel, Powerbank für Handy

Ministativ, Fotoakku, Speicherkarten, Kartenadapter für Kamera

GPS-Gerät für Navigation

Spiegelreflexkamera in einer separaten Tasche

<u>Rahmentasche (täglicher Bedarf):</u>

Lange Hose, langes Shirt, Ersatzshirt

1 Paar Socken, 2 Slips, 1 Short

Waschsachen im Kleinstformat: Seife, Zahnbürste, Duschbad, Salben

Handtuch aus Mikrofaser

Isomatte "Thermarest"

Barfußschuhe

<u>Satteltasche (Notfallausrüstung):</u>

Fahrradwerkzeug: Montierhebel, Flickzeug, Ventil, Öl, Luftpumpe

Fahrradschlauch

goldene Kälteschutzfolie

Schlafsack, Bikesleeve (für Transport in der Bahn oder als Notzelt)

Impfausweis + Covid-Zertifikate

Verbandsmaterial + Medikamente (Schmerzmittel, Ibuprofen, Antibiotikum)

Hochkalorische Sportriegel

<u>Am Guido:</u>

Radhose, Radshirt, Radschuhe

Radhandschuhe, Radhelm, Radbrille, Lesebrille, Atemmaske

Handy (in Folie verpackt)

Rennrad: Moser M850 (etwa 2010) ca. 8 kg

Inhalt dieses Buches **Seite**

DANKE

an die Familie und Freunde, insbesondere an meine liebe Frau,

an alle, die mich in Gedanken begleiteten und mich bestärkten,

an Felix für seine Hilfe bei den grafischen Aufgaben,

an Paul für seine unermüdliche Arbeit bei der Bildberabeitung,

an Annika für die Korrektur und das Lektorat,

an Johannes Fuck für seine Arbeit als Drucker,

an alle, die reisen nach nah und fern und die sich für diese Welt interessieren.